北京市哲学社会科学"十一五"规划项目
北京市教育委员会专项资助
北京旅游发展研究基地标志性成果

北京旅游发展研究报告 2012

 北京旅游发展研究基地

北京·旅游教育出版社

《北京旅游发展研究报告2012》编委会

主　任：计金标
副主任：邹统钎　韩玉灵　张凌云
主　编：魏　翔
编　委：（按姓氏音序排序）
　　　　安金明　杜　江　戴　斌　谷慧敏　韩玉灵
　　　　计金标　鲁　勇　刘大可　厉新建　刘　权
　　　　秦　宇　尹美群　殷　敏　魏　翔　吴必虎
　　　　王琪延　王成慧　许忠伟　张　辉　邹统钎
　　　　张凌云　朱蕴波

总　　序

　　北京旅游发展研究基地（以下简称基地）是北京市首批省部级哲学社会科学研究基地，成立于2004年。北京第二外国语学院作为主要建设单位，通过四方共建协议与北京市教育委员会、北京市旅游发展委员会、北京市哲学社会科学规划办公室共同建设基地。基地的建设宗旨是：以北京第二外国语学院北京市重点学科——旅游学科为基础，依托本校旅游管理学院、旅游发展研究院、中国旅游人才发展研究院、旅游教育出版社，以及校外北京市旅游发展委员会、首都旅游集团、北京高校旅游研究机构等单位，整合旅游及相关研究优势资源，紧紧围绕我国尤其是北京旅游业发展过程中亟待研究解决的重大理论和现实问题设计研究项目，推动我国及北京旅游研究领域的拓展、研究方法的创新和研究水平的提高，有效提升北京旅游教学、研究和旅游业发展在国际上的层次和地位。

　　前两个3年建设周期中，基地在北京市教育委员会和北京市哲学社会科学规划办公室等各级领导、部门的关心和指导下，在北京第二外国语学院校领导的大力支持下，通过与北京市旅游发展委员会及各区县旅游局、各有关旅游企业、高等院校和科研院所的合作，取得了一批高质量的研究成果，连续举办了具有社会影响并逐步形成品牌的重要学术会议，为北京市及全国旅游研究和旅游行业发展作出了应有的贡献，实现了基地的建设目标，取得了优异的成绩。

　　新一轮建设中（2011—2013年），基地将秉承"前瞻视野、开放平台、权威报告、理论高地"的建设理念，努力实现"进一步提升基地的学术声誉和社会影响力，更好地为我国特别是北京的旅游研究和旅游产业发展服务"的建设目标。而"狠抓标志性成果建设，打造权威报告，提供观点和理论研究成果"，是实现第三期建设目标的一条重要途径。2012年是新一轮基地建设中至关重要的一年。今年乃至今后几年，陆续出版的标志性成果主要体现在两个方面：面向北京市政府及其旅游管理部门和企事业单位的《北京旅游发展研究报告》；面向旅游学术研究领域、致力于旅游学科建设和人才队伍培养的《中国旅游企业发展年度报告》、《中国旅游目的地发年度报告》、《中国会展经济发展年度报告》（联合）、《中国旅游教育发展年度报告》（联合）、《北京旅游研究》、《旅游法研究丛书》等。使上述报告和理论研究成果具有"权威报告和品牌效应"，是基地每个研究人员努力追求的目标和共同的期待。至于说能否实现我们的预期，这不是通过简单的行政评价就能作出最终结论的，需要经过长期的积淀和时间的充分验证。如果经过10年、20年，当新一代旅游工作者或者研究人员或者学子们在学习、研究到相关旅游问题，还需要去翻开这些也许已经变得发黄的著作时，当几乎所有研究或者从事旅游的人士要经常翻阅这些报告以期从中获得灵感时，我们就有理由相信我们的目的实现了。

《北京旅游发展研究报告》作为北京市哲学社会科学重点规划项目，其目的在于对北京市旅游经济与旅游市场的整体发展、北京旅游各行业运行状况、旅游供需市场、旅游行政管理及年度热点与创新等问题进行充分研究和集中展示，以期对实践具有一定的指导作用。在历年报告的基本框架基础上，新的《北京旅游发展研究报告》做了局部微调，主要由旅游总体经济研究、旅游行业研究、旅游市场研究、旅游行政管理研究、旅游专题研究五大板块组成，与此同时，将对影响我国旅游发展的重大问题进行专题研究。基地的专家们将尽最大努力，对每年北京旅游产业运行状况以及旅游研究热点和创新点进行全面阐述。

前期建设，我们编辑出版了《中国旅游研究》系列文集，其目的是通过收录一批在国内各个旅游研究领域的优秀论文，体现我国旅游研究每一年度取得的成果与进展，并使之成为记录中国旅游研究发展的标志性文本。新一期建设，我们将在《中国旅游研究》的基础上，汇集以基地专家原创为内容的研究成果，按照但不限于以下板块进行排列：研究综述、旅游者、旅游企业管理、旅游目的地、旅游产业、休闲经济、旅游新业态、基础理论研究等，充分展现基地专家原创和多视角的研究成果。

新一期建设，我们将在保持原有研究报告特色的基础上，紧随中国旅游业的发展，以书代刊的形式适时新推《中国旅游与休闲评论》和《旅游法研究丛书》。《中国旅游与休闲评论》作为中国旅游经济、旅游管理理论与实践研究者的理论、思想交流平台，刊登原创性的旅游理论研究、休闲经济理论研究、旅游产业热点深度分析、大型案例深化研究以及高水平的定量实证研究五个研究领域的研究成果。适应我国旅游法制建设的新发展推出的《旅游法研究丛书》，将依托我校的外语、旅游优势，翻译借鉴国外旅游法及其最新研究成果，深层次地探讨旅游法研究的前沿学术问题，评判典型案例，记录我国旅游法的研究路径，展望旅游法研究趋势。

总　序

　　作为中国的主要旅游教育、研究中心和基地之一，北京第二外国语学院始终将旅游学科的发展作为学校发展的重要战略。北京旅游发展研究基地依托于二外，除了完成作为一个北京市市级研究基地自身应完成的研究任务外，也直接服务于二外的整体发展战略。我们期望通过基地全体研究人员的不懈努力，推动我国旅游教育和旅游学科发展，促进旅游学术界与行业主管部门、旅游业界的密切合作，为国家建设旅游强国、为北京市旅游产业发展提供更多优质的研究成果和最直接的智力服务，以承担起时代赋予我们的责任，完成学者的历史使命。

北京旅游发展研究基地负责人、学术委员会主任
北京第二外国语学院党委副书记、教授、博士生导师

目 录

第一篇　旅游目的地研究

中国国际化旅游人才培养现状与发展方向 …… 2
2011 年北京旅游市场发展分析 …… 10
以国际化为指引，构建东城旅游品牌形象 …… 28
北京建设世界旅游城市的差距、经验借鉴
　　与发展路径研究 …… 38
北京旅游城市建设的管理合作体系研究 …… 51
北京文化创意旅游发展问题与对策 …… 58
散客时代的北京自由行产品开发研究 …… 65
基于希摩尔模型的古镇旅游决策影响因素研究 … 77

第二篇　旅游政策

2011 年北京旅游咨询服务中心发展报告 …… 92
北京旅游管理精细化改善促进游客满意的
　　内在环境 …… 107
北京旅游环境与公共服务建设的实践与创新 …… 116
北京旅游公共服务供给机制、存在的问题
　　及对策研究 …… 126

第三篇　　　旅游电子商务

　　　　　　北京智慧旅游城市建设分析报告……………… 134

第四篇　　　会展管理

　　　　　　北京展览业发展态势
　　　　　　　——基于时间序列数据的分析………………… 160

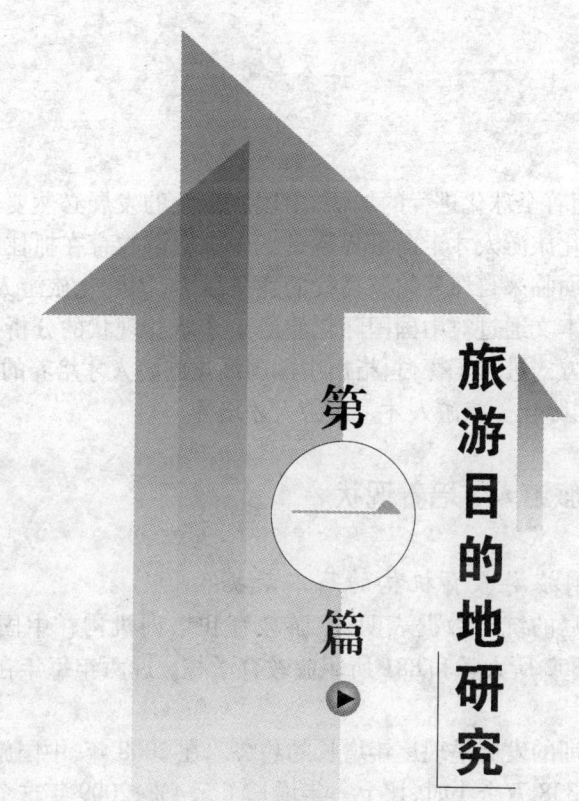

第一篇 旅游目的地研究

中国国际化旅游人才培养现状与发展方向

计金标[①]

摘　要：随着全球化进程的加快，中国旅游业的发展必然要与国际接轨，这就要求国际化旅游人才走向世界舞台。中国旅游教育在抓住机遇的同时，也不可避免地面临来自海外旅游高校的竞争压力，国际化旅游人才的培养问题备受关注。本文通过对中国国际化旅游人才培养现状的分析，对国际化旅游人才的培养方式进行了探讨，指出中国国际化旅游人才培养的发展方向。

关键词：国际化　旅游人才　旅游人才培养

一、中国旅游人才培养现状

（一）中国旅游教育机构的基本数据

国家旅游局的统计数据表明，旅游教育和培训机构在中国已经达到了1 733家，包括852所大学和881所职业教育学校，近两年每年在读学生达到了近100万。

旅游业培训的发展呈现逐年增长的趋势。在2008年，中国旅游业员工培训教育达到了338万个小时，比上一年增长了5.4%；2009年这个数据增长了17.4%，包括350万个小时的在职培训时间和47万个小时的继续教育时间。几乎大部分的旅游业培训都集中在酒店业，其次是旅游服务和景点。与此相比，旅游业管理领域获得的在职培训较少。

为了分析旅游业当前的就业形势，从2008年起，国家旅游局便主持启动了全国旅游人才普查工作，随后委托北京第二外国语学院和中国旅游人才发展研究院负责进行旅游人才调查统计数据处理工作。

首先，中国旅游人才发展研究院已经成功接受调查3个试点省份，包括浙

[①]　计金标：男，教授，现任北京第二外国语学院党委副书记，全国旅游职业教育教学指导委员会副主任，中国旅游人才发展研究院院长。

江、山西、吉林。之后试点省份扩展到13个,包括东部的4个省份、中部的4个省份以及西部的5个省份。

根据调查数据,中国旅游人才发展研究院开发了一系列数据计算模型,并计算出2009年中国旅游人才现状数据。中国旅游人才发展的第一份年度报告于2010年10月在天津发布,并预测了中国旅游人才发展的趋势。

中国旅游人才发展研究院的分析数据进一步表明,中国旅游业的总就业人数在2009年达到7 590万人,占国家就业总量的9.7%;旅游业直接就业人数1 350万人,其中大专以上学历人才为272万人,占全国旅游业直接就业人数的20.15%。

(二)中国旅游业旅游人才发展现状

中国旅游就业前景十分可观。到2015年,中国旅游业将会吸纳更多的从业人员。据中国旅游人才发展研究院预测,旅游直接就业将猛增到1 740万(中国旅游业"十二五"人才发展规划中列了1 650万)人次,间接就业将达到9 750万人,总数将达到1.14亿人;其中大专以上学历人才370万人。

基于中国旅游人才发展研究院的预测,旅游人才需要的主要类型包括以下几个方面:

①主要集中在旅游企业职业经理人,例如高级管理人员、旅游人力资源经理、高级营销人才和俱乐部管理专业人士。

②旅游业发展所需的旅游专业人才,包括:高级研究人员,旅游资源整合人才,具有很强创新能力的旅游规划专业人才,旅游创意纪念产品设计人才,创新旅游专业人才,高级旅游专业人员指导,旅游顾问,新业态发展所需的经理人才及专业技术人才。

③国际化高级旅游人才。

(三)中国旅游业人才培养中存在的问题

全国旅游人才调查统计试点数据显示,目前旅游业人才培养存在以下问题:

①旅游业当前对人才的巨大市场需求和潜在的旅游人才以及培养旅游人才的教育机构的不足之间的矛盾越来越大。

②教育资源的分布不平衡,其中大多数教育和培训机构设在中国东部地区,而中国的中部和西部旅游教育资源缺乏。

③掌握一般技能的旅游从业人员占整个行业的比例较大,但专门旅游人才短缺,特别是新业态旅游人才,如高尔夫球、邮轮、温泉、水疗(SPA)、滑雪和

俱乐部等方面人才特别短缺,并且这些稀缺人才是旅游业发展所迫切需要的。

④旅游人才的专业职称评定体系不健全。从业人员大都职称较低,中级职称以上专业人员的数量有待提高。

⑤旅游业不同部门的培训和继续教育差异很大,其中酒店管理培训做得最好,但新业态人才培训则相对较少。

⑥国际化旅游人才极其缺乏。

二、关于旅游业国际化发展背景下对旅游人才国际化的要求

（一）国际化人才的概念

1. 国际化人才的概念

国际化人才是指具备了一定专业知识水平及合理的知识结构,尤其是具有国际化意识、胸怀和视野,具有较强跨文化交流能力,善于把握国际资源的人才。

2. 国际化人才应具备的素质

国际化人才应具备以下7种素质：

第一,宽广的国际化视野和强烈的创新意识；

第二,熟悉掌握本专业的国际化知识；

第三,熟悉掌握国际惯例；

第四,较强的跨文化沟通能力；

第五,独立的国际活动能力；

第六,较强的运用和处理信息的能力；

第七,较高的政治思想素质和健康的心理素质,能经受多元文化的冲击,有强烈的爱国精神。

（二）目前中国旅游业缺乏的国际化人才类型

总体是缺乏中国旅游强国建设过程中具备旅游资源国际拓展和整合能力的人才。中国现在旅游发展的规模,尤其是出境游规模已经使中国国际化旅游人才的需求日益突出。以下几类国际化人才特别稀缺：

1. 旅游企业高级管理人才

随着我国出境游规模的日益扩大,我国旅游企业应抓住这个契机,同时应抓住与国际旅游企业进行竞争的高级管理人才；此外,还应抓住与此相关的机构拓展、海外领队、导游、线路设计、旅游安全、旅游纠纷处理、旅游谈判人才等。像国外的银行业,本国的人到哪里,金融服务就延伸到哪里。中国

的旅游也应该是这样。日本就是最典型的,日本经济调整增长时期大量日本人出国旅游时,基本都由本国旅游机构进行全过程的服务,都是肥水不流外人田的。这就需要大量多样、专业的人才。

2. 国内对入境游国际游客的国际化服务人才,尤其是针对高端客户的相关服务人才

3. 国际旅游组织及相关组织中的旅游专门人才

北京正搞一个世界旅游城市联合会。世界旅游组织、亚太旅游组织等中国人太少。随着旅游业的继续向外发展,国家旅游局系统向外派驻的旅游代表一定会增加,而且会有较大需求。

4. 旅游外交人才

旅游外交已经成为一个重要的外交舞台。旅游已经成为政治经济斗争的重要工具,但我们缺乏这方面的专门人才。

5. 国际化旅游营销人才

除了大量的广告投入,我们的旅游营销还有很多事可做,迫切需要这方面的人才。

(三)培养中国旅游业国际化人才的必要性

1. 旅游业是天生的国际化行业

可以肯定没有一流的国际化人才,旅游业要做强是不可能的。就像金融业,我们对金融人才的需求伴随着金融业的改革和国际化,因而使金融业成为拥有最多国际化人才的行业。旅游业是天生的国际化行业,可以说改革开放初期,旅游业是高度国际化的,尤其是几大国际旅行社,当时最强的外语人才都在做国际旅游。

2. 中国高等院校旅游教育存在的问题

随着全球化进程的加快,作为发展中国家,尤其是高等教育基础薄弱的国家,中国不可避免地面临着国内对高质量高等教育需求与供给不足之间的矛盾,同时也面临着来自海外高校竞争的客观现实。一个重要的事实是:一方面改革开放三十多年来中国高等教育取得突飞猛进的发展,尤其近十年以来在国际化方面加大了力度,但另一方面随着全球高等教育的竞争,以及西方主要发达国家在经济危机等条件下将高等教育作为一个重要产业发展,进行相关的经费制度改革将新兴国家的学生作为争取对象,拓展办学渠道,随之而来的是事实上中国国内高等教育的不少优质生源已经开始被海外高校抢走。

三、国际化旅游人才的培养问题

（一）旅游教育国际化

中国旅游教育国际化的主要问题可以从理念、内容、深度和广度、影响力、实际效果、长远影响等方面来看。

①从国际化理念方面来看，经过一二十年的努力，中国的部分旅游高校，尤其是"985"和"211"高校，在将国际化作为重要办学理念，以培养具有国际化视野人才作为目标等方面均有一定体现。但总体来看所谓的国际化更多地仅体现在培养学生的外语沟通能力、能用原版教材、增加归国留学老师比例等方面，似乎能够跟上国外大学已经是了不起的成就。

②从国际化内容来看，中国旅游教育的国际化从一开始就主要是指内在的国际化，而不是输出式的国际化。即我国旅游教育的国际化是以追赶或者学习国际先进高校为目的的国际化，表现为课程内容、教材、教学方法、考试、学位授予、学分制等各方面的学习与模仿，而不是以吸引国外留学生、输出高等教育为方向。

③从旅游教育国际化的效果来看，教师和学生的国际交流明显增加，但交流层次还较低，即很多所谓的国际化合作仅停留在为国外合作方招生的层次上，而没有从双方平等合作、作为战略伙伴的层次进行真正的合作。

④从国际化的操作层面来看，国际化基本上是各学校各自进行，各自与相关院校进行交流，以致出现国外某高校与中国很多大学都有合作，但均停留于较低的合作层次，中方大都沦为对方的生源供给方。还很少有政府或以学校联盟的方式进行集体谈判或通过某种规范性的、指导性的程序来进行。尽管合作办学有教育部的严格规定，但实际中有些很有潜力的合作项目也受到挤压。

⑤国际化交流方面职业院校还有一定差距。去国际酒店集团进行培训、去国外实习、请外国专家授课等各方面还是比较欠缺的。

（二）中国旅游教育国际化人才培养需要实现若干转变

1. 理念方面应从局部、短期、内部的国际化向整体、长期、外部的国际化方向转变

在多数旅游院校的所谓国际化是局部的，即某个学院、某个教授、某个专业、某个部门通过某种特殊的机遇与国外某大学开展了较好的合作，包括教师与学生交流、共同举办国际会议，甚至共同进行课题合作，互认学分、合作办学等。但会因领导变更或其他原因很难持续。可是从一个高校的总体国际化来看就不那么明显,有些学科、学院甚至根本没有与国外同行或大学接触过。因此,国际化作为旅游教育的办学理念应嵌入到大学发展目标、学科发展规划、师资队伍建设规划等学校发展的根本性文件中,通过制度的、机制的途径促进高校各学院、各部门较全面的国际化。

其中最重要的还是从旅游主管部门到旅游院校领导再到学生和教师,都要真正从理念的高度认识到:所谓旅游教育的国际化绝对不仅仅是一个时尚或者为吸引学生的一个招牌,而是全球政治、经济、文化发展与交流到现在的时点上,不可阻挡的趋势与需求。在此过程中哪一个国家、哪一个学校能够适应此变化,并且引领国际化进程,则在世界旅游教育舞台上的地位就越高,对学校而言其对该国的贡献度就越大;否则面临着发展机遇越来越少,学生不适应社会需要,最后学校的办学声誉、办学动力将逐步丧失等问题。因为经过20世纪全球经济、政治、文化的平衡、制衡、交叉、交流,经过若干全球性组织如世界贸易组织、世界银行和国际货币基金组织的规划、设计、协调、控制,全球的经济已经在一整套规则下日益开放,随之而来的是企业的国际化,跨国企业或集团已经影响或控制了全球经济命脉,这样在国际交互文化中自由交流、至少语言交流无障碍、文化适应能力强的毕业生才能在全球化就业竞争中占得主动。上述方面促成了教育对象的直接需求。这种源于教育对象的直接需求是导致教育必须国际化的最原始动力。相应的旅游院校对自身的影响力和发展潜力的需求,以及国家在旅游贸易中的利益和文化影响力等所谓软实力方面的需求也促使旅游教育的国际化。

在这种理论转变的前提下来看旅游教育国际化就会清楚地认识到,中国旅游院校的国际化还处于比较初期的阶段。

2. 国际化与本土化的有机结合

一方面,把旅游院校的主要指标向国际接轨,以提高国际地位,既能在全球化的旅游教育评价体系中寻找到属于中国大学的位置,又能保持中国本土旅游院校的独特性。希望游离于现有的标准之外,逃避国际旅游教育在学术领域里的竞争,显然会失去对旅游研究制高点的抢夺,也会失去进入国际旅游教育界的许多机会,从而远离国际旅游教育主流。

另一方面,在旅游教育国际化进程中,对有些学术基础好、师资国际化程度比较高的学校,鼓励吸引更多留学生、接收更多的国际教师、多用英语教学、多派出学生进行交流等都是必要的,但不能以牺牲对本国本民族传统文化的传承和创新为代价来取得形式上的国际化,更不能用降低质量的代价换取留学生数量的增加,而是要鼓励教师多研究本土旅游问题。只有这样中国才更有可能在应该由自己作为研究主体和主导的领域取得创新性成果,也更有可能开创具有中国学者个性的方法或者学派。

3. 应从交流、学习、适应的国际化向平等合作、共同参与、平等受益的国际化方向转变

中国最初的高等教育国际化是以学习为目的,接着是交流,即双方可以互相了解,然后是合作。现在要特别强调从简单交流转向平等合作,即双方应在师资、学生、科研项目、专利、成果发布等方面平等合作,而不是中国单方面的学生输出。尤其在科研合作、合作办学等领域更应重视平等的合作。

4. 从内部国际化向外部国际化转变

前者是指通过使用国外教材、课程设计、教学方法使教学内容、方法等能够跟上国外先进高校;后者是指高等教育的平等交流,即既有本国学生的输出,也有国际学生的相当数量流入,师资亦然。这是一种主动的国际化,而不是被动的以追赶为特征的国际化。

5. 要从单个学校的国际化努力转变为合作型行为

政府部门在其中能够起到有效的促进作用,而高校如北京二十多所高校可以组成共同体,一致对某国的高校进行合作谈判,以发挥合力作用。中国旅游职业院校中的五星联盟完全可以作为一个整体相互借用已有的国际旅游合作资源,或者一起去国际知名旅游企业或旅游院校谈具体合作,包括学生的派出学习、接收留学生、聘请国际师资等方面都可进行统一合作。在推出毕业生方面,尤其去国际化旅游企业工作或招收留学生等方面应该共同举办推介会,共享资源和信息,共同提升学生国际化层次。

6. 要从被动的国际化向主动的国际化转变

很多学校的国际化是因为学生或教师或国内同行竞争的推动,或者受到某项资格考试的推动,或者是某个个体教师或中间人的推动,缺乏整体的主动性的设计。至今为止相对成功的当属孔子学院模式。但现在还仅限于文化传播层面,远未到教育输出的阶段。类似于这样主动设计并全面推行的办学模式对中国高校来说,大部分学科还没有出现。在局部尤其在自然科学方面,有些国际学术会议中国作为主办方是有的,但类似的主动型的科研合作、合作办学较少。

(三)政策建议

从国家旅游局等政府主管部门层面研究如何吸引和培养国际化旅游人才的重大问题,建议如下:

1. 建立国际化旅游人才数据库

《"十二五"旅游人才发展规划》中指出:"依托国家人才发展国际化政策,

实施旅游人才海鸥工程,加大优秀海外人才和智力的引进力度,建立国际化旅游人才数据库。积极引进国外优质教育资源,推动旅游院校开展国际合作,促进开展示范性中外合作旅游学校项目或办学项目,推动旅游院校师资赴国外访学交流,积极组织和参与各类国际教育交流活动。"

2. 加强国际联合培养

根据国家有关政策,推动相关单位选派旅游相关专业学生和在岗优秀人才赴海外著名旅游院校或机构继续深造,加强旅游经营管理人才、高层次专业技术人才的国际联合培养;加强与联合国教科文组织、世界旅游组织等国际组织的合作,积极参与双边、多边和全球性、区域性旅游教育与人才的开发合作;加强旅游院校学生外语教育,强化在岗人才外语培训,配合相关部门建立和完善旅游企业外语水平考试和资格认定制度;学习和借鉴国际权威机构的旅游业职业资格认证考试经验,进一步完善中国旅游人才资格认证体系。

2011年北京旅游市场发展分析

厉新建[①]　万文平　张芳芳　许文婧

2011年，是"十二五"开局之年，也是北京旅游业发展史上具有划时代意义的一年：北京市旅游局更名为北京市旅游委并纳入市政府组成部门，同时市政府决定拿出10个亿专项资金促进旅游产业发展等举措，使得北京市在面对国际金融危机的深度影响、日本大地震、人民币汇率波动、旅游业转型升级新课题等各种冲击下，全年旅游业仍然实现了三个突破：旅游总收入首次突破3 000亿元，达3 216.2亿元，增长率达16.2%；国内旅游人数首次突破2亿人次，达2.09亿人次，增长率达16.7%；旅游收入达2 864.3亿元，增长率为18.1%；入境游人数首次突破500万人次，达520.4万人次，增长率达6.2%；创汇54.2亿美元，增长率为7.4%。旅游购物与餐饮消费占社会消费品零售总额比重达到24.7%，旅游相关产业投资占全市固定资产投资总额比重达8%左右，旅游增加值占全市GDP比重达7.4%。

从2011年北京市各界为旅游业发展所做的努力和贡献结果我们可以看出北京市已经为"把旅游业打造成战略性支柱产业"迈出了坚实的一步，旅游委的成立使北京旅游管理机构在产业协调、融合发展等方面有了更大的权力和调配能力，使得北京旅游市场更加国际化，为北京建设世界一流旅游城市创造了良好条件。

一、入境旅游市场的发展

（一）2011年入境旅游发展概况

2011年，全市共接待入境旅游者520.4万人，较2010年同比增长6.2%；旅游外汇收入54.2亿美元，同比增长7.4%（见表1）。其中接待外国人447.4

[①] 厉新建：男，教授，博士，现任旅游管理学院旅游管理系主任/中国旅游经济研究中心主任，全国休闲标准化技术委员会委员，中国旅游协会教育分会副秘书长，中国休闲产业联盟理事。

万人,同比增长6.1%;香港同胞43.4万人,同比增长7.7%;澳门同胞1.3万人,同比减少2.3%;台湾同胞28.3万人,同比增长5.6%。虽然2011年入境旅游取得了较大的发展,但与2010年相比,增幅明显放缓。

表1 2011年北京市入境旅游接待情况

月份	接待入境过夜旅游者(万人)	比去年同期增长(%)	其中:外国人(万人)	比去年同期增长(%)	其中:香港同胞(万人)	比去年同期增长(%)	其中:澳门同胞(万人)	比去年同期增长(%)	其中:台湾同胞(万人)	比去年同期增长(%)
1月	29	0.6	24.7	3.7	2.6	-6.5	0.1	-40.4	1.6	-22.4
2月	24.4	4.1	20.1	9	2.9	-7.6	0.06	-0.64	1.3	-25.7
3月	40.4	-4.3	34.9	-5.1	3.4	-1.4	0.09	7.3	2	5.5
4月	48.8	9	41.5	9.3	4.4	16.9	0.09	0	2.8	-5
5月	50	5.9	42.9	4.3	4.2	24	0.01		2.8	8.1
6月	47.3	4.5	40.7	3.4	4	21.6	0.1	-0.5	2.5	0
7月	47.1	9.2	39.7	6.9	4.1	23	0.1	9.9	3.3	25
8月	47.4	8.1	40.4	6.1	4.2	27.8	0.1	-27.1	2.7	15.7
9月	50.4	5.6	44.3	4.5	3.6	16.3	0.1	15.9	2.5	-35.4
10月	54.1	8.7	50	9.6	3.5	-4.9	0.1	-3.1	2.5	13.9
11月	45.1	9.3	39	10.6	3.3	-10.2	0.2	129.1	2.4	15.8
12月	36.3	11.7	31	13.7	3.1	6	0.18	6.8	1.9	15.3
总计	520.4	6.2%	447.4	6.1	43.4	7.7	1.3	-2.3	28.3	5.6

资料来源:由北京市旅游发展委员会统计数据整理

从每月的发展趋势来看(见图1),季节性分明,12月至次年2月旅游人数相对较少,很大程度上与北京冬季干冷的天气有关,但也显示了京味文化最为浓厚的北京在促销"体验最正宗的中国式新年"的文化旅游产品方面还有很大的空间,正如每年山东省在大力营销的"山东贺年会",如果北京能抓住这块市场,相信中国新年文化也一定能吸引更多的外国旅游者,使得北京"这个冬天不太冷"。

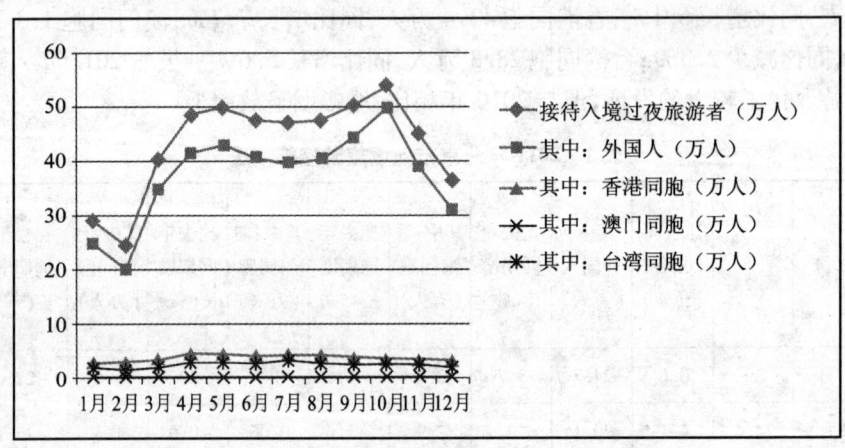

图 1　2011 年北京市入境旅游游客人数月份变化情况

资料来源：由北京市旅游发展委员会统计数据整理。

从旅游外汇收入来看（见图 2），北京旅游外汇收入除了在 2008 年、2009 年遭受金融危机时出现负增长外，仍处于不断提升的状态，但是，已呈下降趋势。自从 2004 年上海旅游外汇收入首次超过北京以后，上海增长态势迅猛，且从 2007 年开始（除 2010 年），旅游外汇收入始终高于北京，尤其是在 2011 年，除了广州、上海外，北京旅游外汇收入又落在了苏州之后，排名第 4 位。

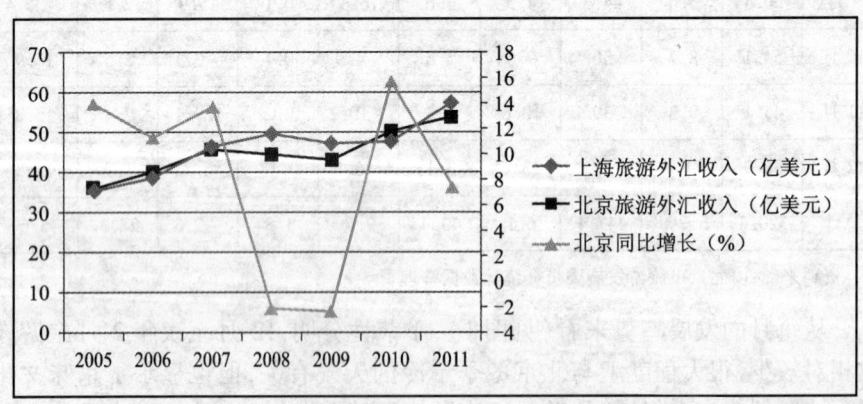

图 2　旅游外汇收入及同比增长率分布

资料来源：中国国家旅游局网站 http://www.cnta.gov.cn。

(二)入境旅游市场构成

按洲际区域分(见图3),亚洲游客(含港澳台地区)257.9万人,占入境来京旅游总人数的49.5%,同比增长4.1%,其中港澳同胞73万人次,占14%;欧洲游客128.8万人,占总人数的24.7%,同比增长7.8%;美洲游客105.3万人,占总人数的20.2%,同比增长13.7%;三大洲共占入境旅游总人数的94.4%,且各个市场均处于不断增长的状态。大洋洲游客17.8万人,占总人数的3.4%,同比增长20.4%;非洲游客6.8万人,占总人数的1.3%,同比增长7.4%。而其他市场呈现出份额低、负增长剧烈的现象,也说明来京入境客源国增多的同时,积聚效应也更加明显,亚洲仍是北京最大的客源地。

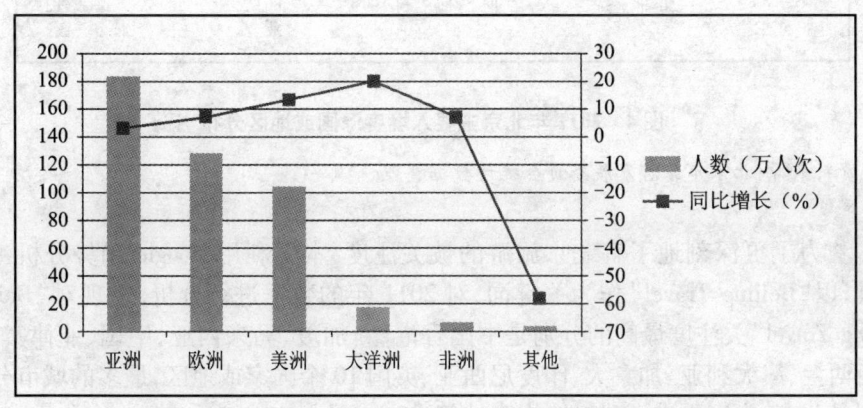

图3　2011年北京接待外国人(过夜)游客人数(按洲际分)和增长率分布

资料来源:北京市旅游发展委员会统计数据整理

从主要客源国分布来看(见图4),除了澳大利亚超越法国跃居前10位外,其他9位(不包括欧洲其他和亚洲其他的聚合体)基本没变过,只是位次的互换。如2010年,日本位居中国第二大客源市场;而2011年,韩国超过日本,成为第二大客源国。位居前4位的美国、韩国、日本、中国香港累计占入境市场份额高达47.71%,其中美国游客量78.91万人次,同比增长12.7%;韩国游客53.37万人次,同比增长5.5%;日本游客51.02万人次,同比下降2.9%。

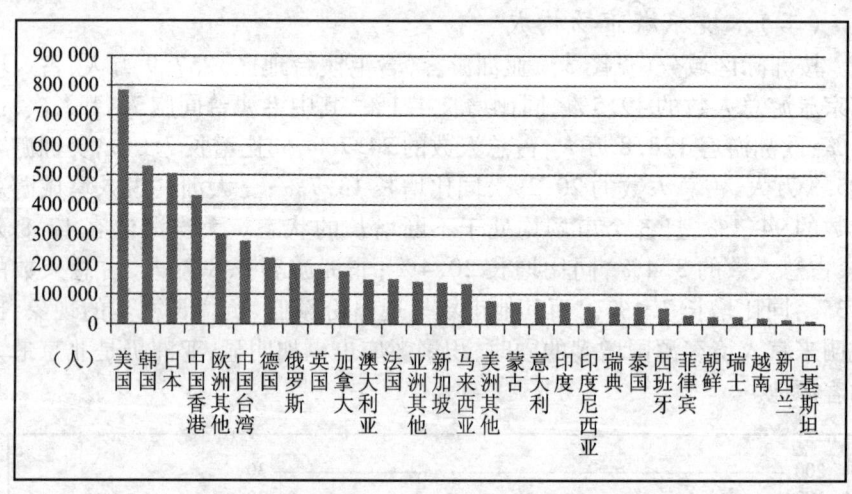

图4　2011年北京主要入境客源国或地区分布

资料来源：北京市旅游发展委员会统计数据整理

为了更深刻地了解北京旅游的被关注度，本文利用Google趋势分析工具，以"Beijing Travel"作为关键词，对2011年的数据进行分析，发现对"Beijing Travel"关注度最高的分别是中国香港、新加坡、马来西亚、中国、菲律宾、新西兰、澳大利亚、加拿大、印度尼西亚、英国10个国家或地区，最多的城市分别是北京、中国香港、新加坡、吉隆坡等。

（三）入境旅游市场花费构成

从入境旅游花费来看（图5），在京旅游人均花费1 041美元，同比增长1.1%；人均天花费247.78美元，平均停留4.2天。在花费构成中，长途交通占26.4%，购物占25.3%，住宿占15.5%，餐饮占6.8%，娱乐占6%，景区游览占4.2%，邮电通信占2%，市内交通占3.5%，其他占10.3%。

总体来看，人均花费水平在提高，其中交通和购物仍然是最核心的花费，累计占总体花费的51.7%，而娱乐、餐饮和景区总体花费仅占17%，说明北京目前的旅游服务体系还不够完善，必须不断强化旅游综合体功能，使得景区赢利模式更加灵活，娱乐方式更加多样，让旅游者愿意留、留得下来，舍得花、花得出去、花得舒心。

第一篇 旅游目的地研究

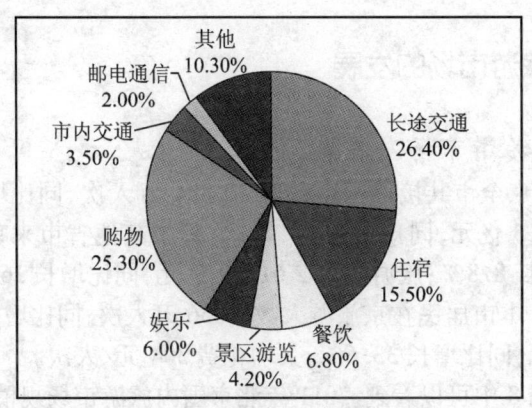

图5 来京入境旅游者花费分布

资料来源:北京市旅游发展委员会统计数据整理

(四)来京旅游动机分布

从来京的入境游客旅游动机来看(图6),观光、商务、度假和会展是最核心的因素,累计份额达64.7%,说明北京旅游不再局限于观光,产业多元化已逐步形成,高端旅游消费需求增多,这也与这些年北京致力于打造世界城市所付出的努力息息相关,使得北京的城市功能不断增强、接待服务能力提升、国内外融合程度加深。

但是也要注意到,北京作为我国的首都、政治和文化中心,文化交流旅游产品的开发明显不够,市场潜力巨大。文化产品的开发不仅有经济功能,更是弘扬中国文化、京味文化非常行之有效的方式。

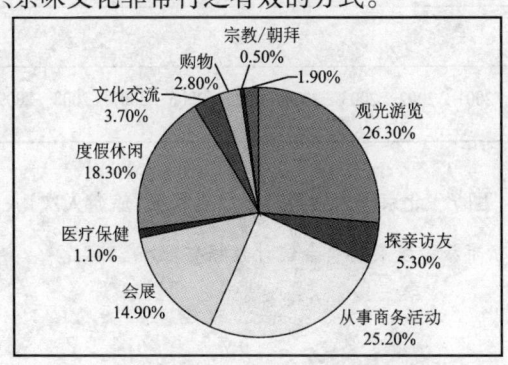

图6 来京的入境游客旅游动机分布

资料来源:北京市旅游发展委员会统计数据整理

二、国内旅游市场的发展

(一)国内旅游市场发展概况

2011年,北京全市共接待国内游客20 884万人次,同比增长16.7%;旅游收入达2 864.3亿元,同比增长18.1%。其中其他省市来京旅游者12 818万人次,同比增长8.8%;旅游收入2 618.9亿元,同比增长16.8%;人均花费2 043元/人次。本市居民在京旅游人数8 066万人次,同比增长31.8%;旅游消费245.4亿元,同比增长33.6%;人均花费304元/人次。

从图7和图8中可以看到,2011年北京国内旅游市场规模是2000年的2倍,11年年均增长率达到4.23%,最近5年的年均增长率为9.08%。其间,除2003年因为"非典"、2008年因为金融危机的影响之外,总体上都呈现出正增长的良好局面,2011年北京国内旅游增长率为16.7%,为近些年最高。其中伴随着"微旅游"出行方式在居民生活中的普及,北京市居民在京旅游比上年增长31.8%,极大地拉动了北京旅游消费。

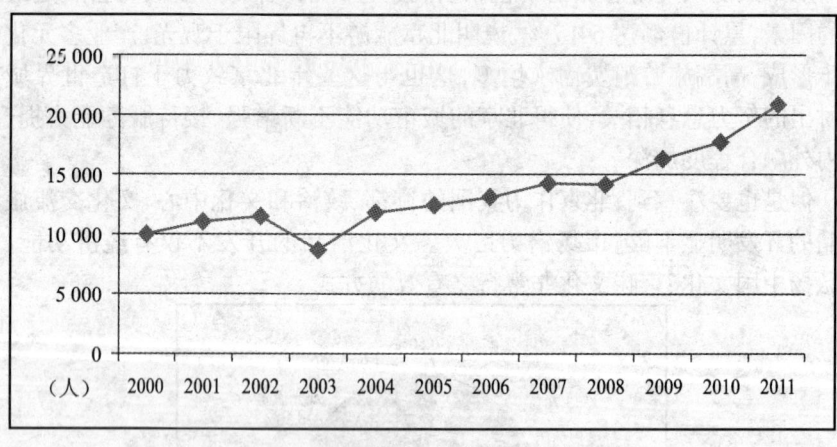

图7 北京国内旅游市场发展状况(旅游人次)

资料来源:北京市旅游发展委员会统计数据整理

第一篇　旅游目的地研究

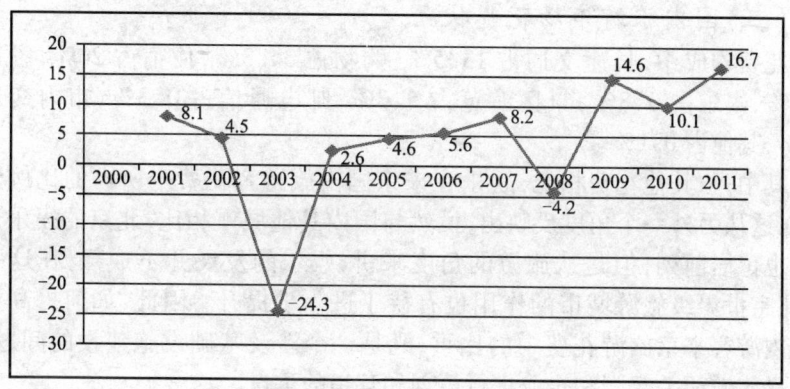

图8　北京国内旅游市场增长率变化

资料来源：北京市旅游发展委员会统计数据整理

（二）国内旅游市场来源

根据图9可以看出，北京国内旅游的主要客源地中河北所占比例最高，约占16.81%，其次分别是山东、河南、山西等。而所占比例较低的则为西藏、海南、青海、宁夏等距离北京较远的地区。根据这一结果的分析，在进一步提高可进入性以及住宿接待能力的基础上，通过网络新媒体进行营销、提供多样化的旅游方式、对潜在旅游市场进行"微旅游"营销可以说是北京吸引周边省份以及高铁沿线城市游客来京旅游的重要途径。

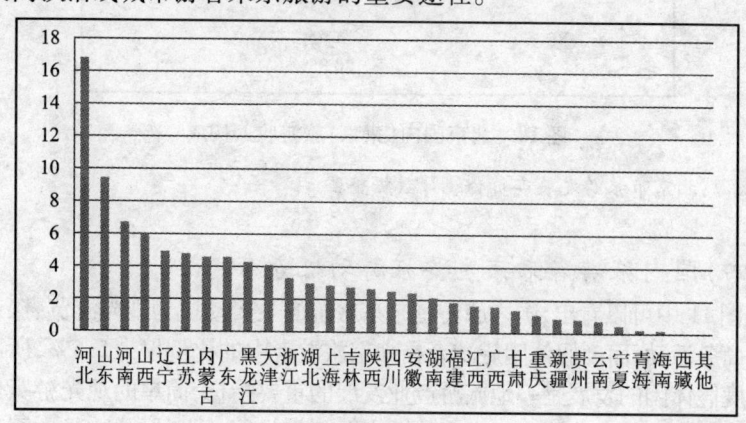

图9　北京国内旅游客源市场

资料来源：北京市旅游发展委员会统计数据整理

(三)国内旅游市场花费状况

花费构成中,长途交通占 13.5%,购物占 34.3%,住宿占 20%,餐饮占 20.8%,娱乐占 0.8%,景区游览占 5.7%,邮电通信占 0.3%,市内交通占 4.5%,其他占 0.1%。

其中,与其他花费相比,娱乐在来京国内旅游者花费中所占的比例仍然很低,这从另外一个角度反映出,虽然与国内其他城市相比,北京的娱乐产业发展也位居前列,但是从旅游的角度来讲,娱乐的发展并不成熟,在这一方面,北京世界级旅游城市的作用也有待于进一步提升。因此,如何提高娱乐在国内游客来京旅游花费中的比重,既是一个涉及基础设施建设的问题,同时也是旅游相关部门和企业进行策划和营销的重点。

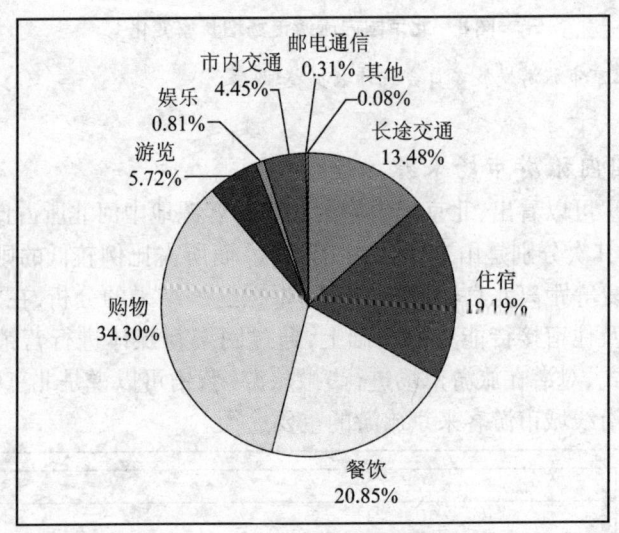

图10 北京国内(来京)旅游收入构成

资料来源:北京市旅游发展委员会统计数据整理

(四)国内旅游者来京主要旅游动机分布

从图11中可以看出,国内旅游者来京旅游的主要动机为观光游览、探亲访友和参加商务活动,而度假休闲旅游者在来京旅游者中的比例仅为5.5%,所占比例较低。度假休闲的发展是一地旅游产业发展的重要指标,简单的观光游览也必须通过过渡为度假休闲才能真正实现旅游产业的大发展。另外,北京是中国的政治和文化中心,因此,文化/体育/科技交流等相关项目也有待于借助北京有利的政治与文化积淀,实现文化产业繁荣发展,进而带动文化旅游产业发展。

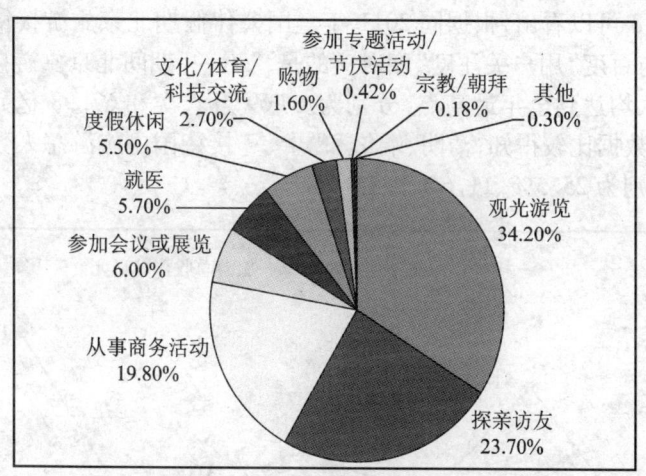

图11 国内旅游者(来京)主要旅游动机分布

资料来源:北京市旅游发展委员会统计数据整理

(五)国内旅游市场时间结构

根据在百度指数搜索2011年1月1日到2011年12月31日北京旅游的用户关注度和媒体关注度,得出如图12所示的结果,从"用户关注度"曲线可以看出,用户对北京旅游的关注主要集中于清明、端午、"五一"以及"十一"四个中国法定节假日,尤其是以"十一"为最突出,仅9月30日人们对"北京旅游"的百度搜索量就达到大约4 600万次。另外,在7—9月份"北京旅游"的百度搜索量持续处于一个较高的水平。

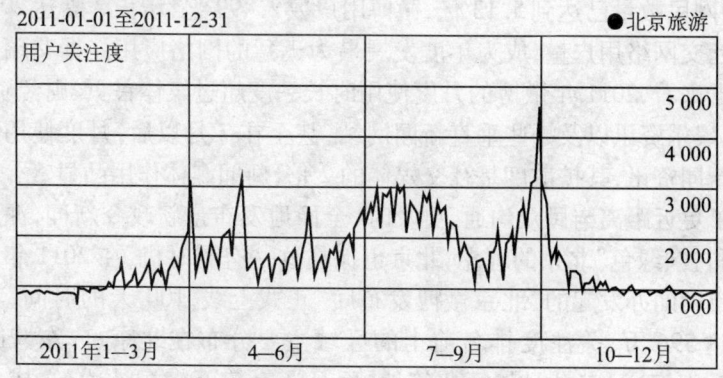

图12 国内旅游市场用户关注度(百度)

资料来源:百度指数搜索

从图13可以看出,根据同2011年全国公休假期北京旅游接待情况的对比,其中,与百度"用户关注度"相对应的是,"十一"期间北京旅游接待总人数和旅游收入均达到全年最高点,分别为1 069万人次和67.98亿元。而通过与2010年数据比较得知,清明、端午和"十一"接待国内旅游总人数的增长率都较高,分别为25.5%、11.6%和15.1%。

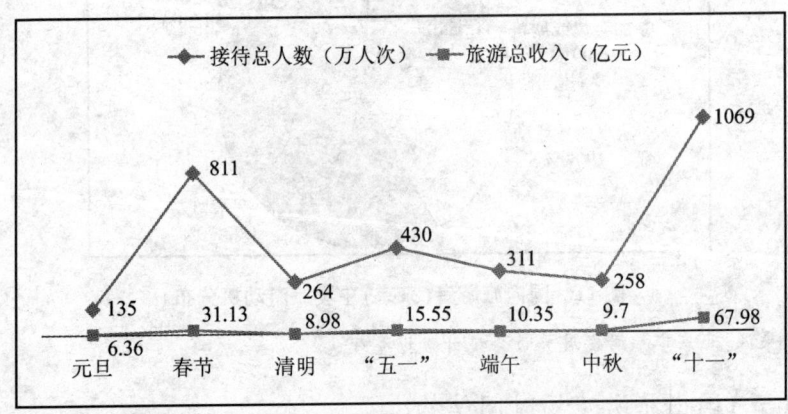

图13　2011年全国公休假期北京旅游接待情况

资料来源:北京市旅游发展委员会统计数据整理

(六)北京旅游的微博营销效果分析

据《第29次中国互联网络发展状况统计报告》显示,截止到2011年年底,中国网民数量已达到5.13亿,微博用户数2.499亿,增长率高达296%,甚至超过社交网络用户量,成为年度发展最为迅猛的网络应用。据艾瑞咨询的调研数据来看,2011年微博的月度使用时长一度超过媒体首页、财经资讯、体育资讯、娱乐资讯以及一些垂直新闻网站,甚至在7月以后,月度使用时长还超过了新闻资讯,其扩散度是社交媒体的2倍,新闻媒体作用凸显。

为了更近距离与民众沟通,更及时、全面地发布最新政令新闻,深入传播"人文、科技、绿色"北京的理念,北京也抓住这一有利时机,在2011年11月,由北京市新闻办发起的"北京微博发布厅"正式上线,100天的时间,其粉丝数量已达596万,关注度排名前十的区域主要分布在北京、广东、江苏、山东、浙江、上海、河南、四川、河北等地,而且还有7万多海外粉丝,成为海内外网友了解北京、关注北京的窗口。据统计,在"北京微博发布厅"中,@北京市旅游发展委员会的微博位居十大影响力官方微博之一,成为宣传北京、树立首都形象的重要渠道之一,目前北京市旅委的粉丝量近30万,其传播力可见一斑。

通过话题效果的监测,可以并对潜在市场区进行分析,知道目标市场的分布、营销方式及宣传投放,并改进宣传营销策略。据中国旅游研究院与旅游电子商务研究机构艾瑞咨询集团合作发布的《中国旅游目的地官方微博营销效果分析及排名报告》,"北京市旅游发展委员会"官方微博整体运营效果在省级旅游局(除国家旅游局)微博中排名第6位(图14),无论是在粉丝量、粉丝活跃度还是在传播力上都弱于山东、浙江、中国香港和四川,广西虽然粉丝量不及北京,但是其微博传播力很强,综合效果仍高于北京。

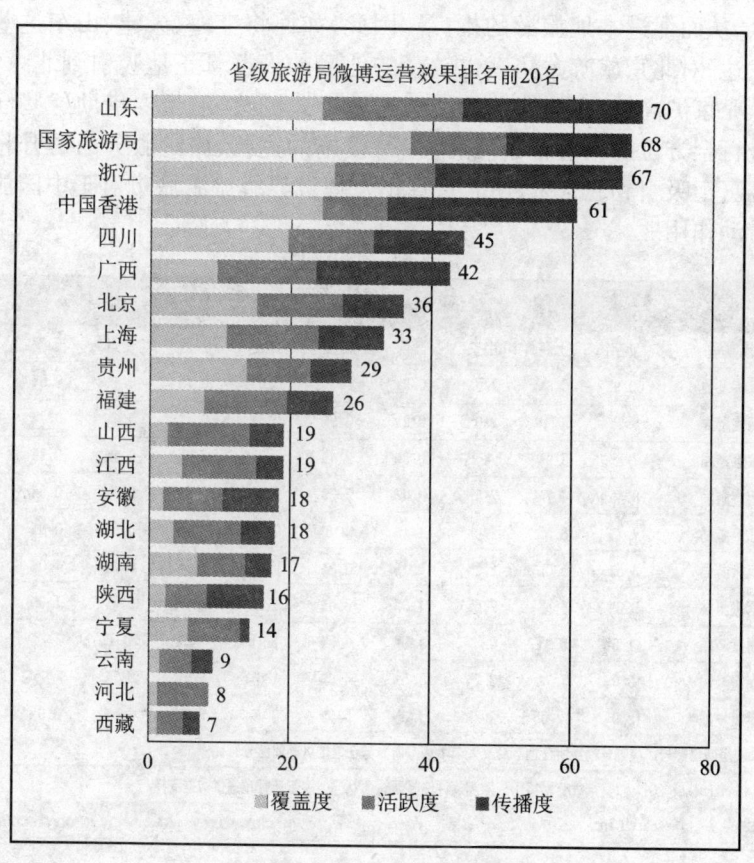

图14 省旅游局微博运营效果排名前20名

资料来源:艾瑞咨询网(www.iresearch.com.cn)

从粉丝的地区分布来看，如图15所示，"北京市旅游发展委员会"的粉丝主要分布在北京、上海、浙江、山东等地，其中北京的粉丝量高达60.9%，具有明显的本地化倾向，这在一定程度上使向外省游客宣传北京旅游资源、实现转化的目的不能有效实现。因此，对于北京来说，利用微博营销中，细分目标市场、吸引目标地区粉丝的关注是最为关键的一步。而与之相比，虽然其他省份也呈现出一定的本地化倾向，但是都不及北京明显。更有甚者，香港旅游发展局本地粉丝仅占4.7%，在所有旅游局中比例最低，而关注其微博的粉丝主要来自北京(12.9%)、上海(12.5%)和浙江(5%)等旅游目标客源地，这也和香港的主要客源地相契合，显然这种粉丝构成更有利于将信息传达给目标受众，从而促进本地旅游的推广。因此，如何将上海、天津、山东这些经济较为发达、对北京旅游关注度也较高的地区的人群真正地吸引到北京来，不仅要依靠京沪高铁、京津快速等交通运输方式的改变，更要借助这些已有的条件进行全方位的旅游营销、旅游接待设施的完善、旅游服务的提升将潜在的游客真正吸引到北京来，使北京真正发挥世界级旅游城市对于中国旅游市场的带动作用。

典型旅游局微博粉丝分布情况

微博账号	北京	上海	山东	陕西	浙江	江西	广西	贵州	云南	香港
北京旅发委	60.9%	3.8%	2.0%	0.9%	2.3%	0.6%	0.7%	0.4%	0.6%	0.4%
上海旅游局	6.2%	56.1%	2.0%	0.9%	3.9%	0.8%	0.7%	0.4%	0.7%	0.4%
山东旅游局	7.3%	3.9%	54.7%	0.9%	2.4%	0.7%	0.7%	0.4%	0.7%	0.5%
陕西旅游局	8.4%	4.7%	2.5%	46.6%	3.2%	2.0%	0.7%	0.4%	0.7%	0.3%
浙江旅游局	7.1%	6.6%	2.0%	1.1%	43.6%	0.9%	0.7%	0.5%	0.8%	0.5%
江西旅游局	6.5%	5.0%	2.2%	1.1%	3.2%	38.3%	1.0%	0.7%	1.0%	0.6%
广西旅游局	9.3%	5.4%	2.6%	1.3%	3.3%	1.2%	32.5%	0.7%	1.3%	0.6%
贵州旅游局	11.5%	6.9%	3.3%	1.9%	3.9%	1.1%	1.2%	20.7%	1.3%	0.7%
云南旅游局	13.0%	7.7%	3.2%	1.5%	4.8%	1.0%	1.5%	0.7%	17.5%	0.6%
香港旅发局	12.9%	12.55%	2.2%	1.3%	5.0%	0.7%	1.2%	0.6%	0.9%	4.7%

注：纵轴是微博账号，横轴是粉丝所在地。交叉处表示该微博账号在某地区的粉丝分布比例。

Source: iSnstracker, 2011.11艾瑞社交网络用户监测。评估微博运营状况，为微博营销提供数据支持。
c 2011.12CTA & iResearch inc.　　www.claweb.org & www.iresearch.com.cn

图15　典型旅游局微博粉丝分布情况

资料来源：艾瑞咨询网（www.iresearch.com.cn）

三、出境旅游市场的发展

(一)2011年出境旅游市场概况

与中国出境市场的整体发展密切相关,北京出境旅游市场发展可谓是突飞猛进。在1994年北京旅行社组织出境人次仅有1.03万人次,而据北京市统计局统计,到2011年该数字已经增长为1 842 741人,较2010年增长了23.2%,其中出国旅游1 441 592人次,中国香港游264 456人次,中国澳门游106 413人次,中国台湾游91 753人次。

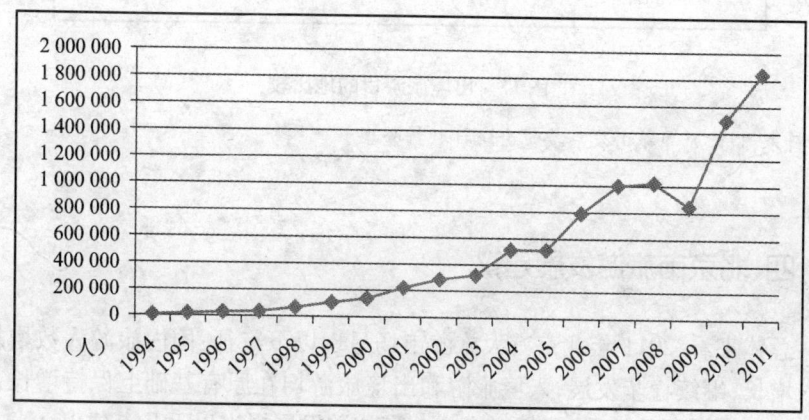

图16　北京出境旅游增长状况

资料来源:北京市旅游发展委员会统计数据整理

(二)2011年出境旅游目的地

出国旅游的目的地国家以泰国和法国人数最多,分别达到20.9万人次和19.4万人次,其次分别是韩国、意大利、新加坡、瑞士、马来西亚、德国、日本、澳大利亚。同时,与2010年主要的出国旅游目的地对比来看,居于2010年出境旅游目的地国前十的菲律宾在2011年被瑞士所替代,2010年出境旅游目的地首选国日本在2011年人次明显下降,另外,以法国、意大利、德国、中国台湾为出境目的地的出境游客人次也有所降低。而前往中国香港、泰国、韩国、新加坡、马来西亚、中国澳门、澳大利亚的北京出境游客有所上升。

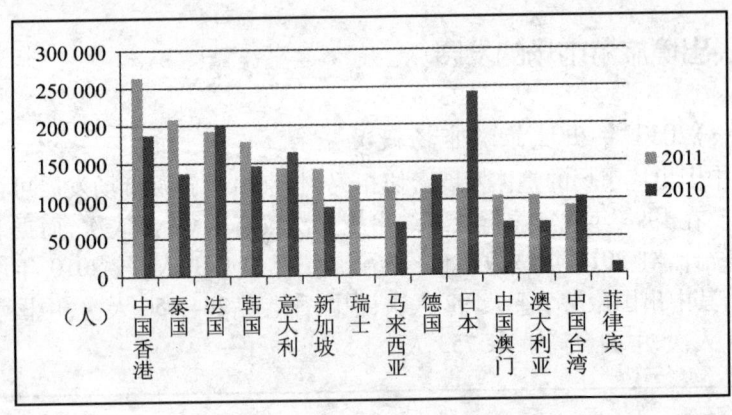

图17　出境旅游目的地比较

资料来源:北京市旅游发展委员会统计数据整理

四、北京市旅游发展建议

总体来看,2011年北京三大旅游市场呈现以下特征:国内旅游人数增加,收入增长,继续稳步发展;入境旅游和出境旅游均在原有基础上保持增长,但速度明显放缓。基于此,我们对未来北京旅游发展提出以下几点建议。

(一)推动高端消费以优化国内旅游市场

通过对北京历年旅游情况分析,可以看出国内旅游市场在现实规模上和经济贡献上均居于主导地位。2011年北京国内旅游收入占到了全市旅游总收入的89.06%,远高于旅游外汇收入,表明国内旅游市场仍是北京发展旅游业最为稳定的市场。随着居民可自由支配收入增加,闲暇时间增多,作为首都,北京旅游具有巨大的吸引力,旅游大众市场仍将保持持续增长的势头。

但要充分发挥国内旅游市场的主导作用,目前关键是要推动高端消费市场的发展,通过高端消费来优化国内旅游市场。北京,作为中国的政治、文化中心,昔日王朝帝都所在地,有着其他城市无法比拟的优势,然而,资源开发深度不够,高端消费力量不足。一直处于领先地位的商务会展市场,也面临着上海、广州的激烈竞争和对市场的争夺,且近几年数据表明上海在会议展览方面略优于北京,加强首都综合优势的转化利用,发挥政治优势和完善的基础设施及强大的产业优势已刻不容缓,努力建成亚洲商务会奖之都。

为推动高端消费市场的发展,除了注重会展业发展外,还应加强旅游与医疗、文化、科教等产业的融合发展,借助北京的医疗基础设施好、人才多、消费低等优势,并结合中医药疗法和中国功夫等,针对各种高发病设计世界一流的高端定制医疗康健旅游产品;利用北京的帝都文化、博物馆文化、京味文化、美食文化、时尚文化等打造高端专项旅游产品,如"皇城往事"、"博物馆别趣"、"天桥旧事"、"胡同文化各种美"、"品帝王美食,忆盛世佳话"、"各国美食聚京城"、各种原创文化演艺、高级俱乐部的奢华享受等;此外,还可以利用北京名校聚集的优势,开发修学旅游、夏令营社会实践、圆了我的名校梦等精品修学旅游产品。利用北京的各类剧院、剧场、运动场优势,开展各种传统特色表演、演唱会、节事活动、体育赛事、原创文化演艺等特色活动,努力将北京建设成为全国旅游文化演出制作中心、旅游文化演出场所经营中心、经纪中心和旅游演出目的地城市。通过高端旅游产品的开发,促进北京基础设施建设和旅游服务品质提升。

在营销上,多种营销方式相结合,有针对性地突出重点。正如携程这几年所推出的高端奢侈旅游产品一样,针对高端消费,就是要注重其独特奢华享受、无限尊荣、超生活体验和限量版。高端旅游产品营销也要像奢侈品营销一样,在高端消费群体聚集的地方用其喜欢的方式把产品信息输入他(她)的脑中,刺激他(她)的体验欲望。在京沪高铁旅客调研中发现旅客获得旅游信息的主要方式是朋友介绍和互联网,因此通过高端旅游产品的打造来提升旅游品质,做到精细化、精品化服务,对正向口碑传播非常有利。此外,目前最为火爆、流行的微博,几乎每个高管都参与其中,利用恰当的方式,争取到潜在目标客群和微博名人的互粉,把与其相匹配的产品信息传递到他(她)的信息库中,争取到他们的推广。还可通过移动终端、电视电影植入、名人效应、网络游戏设计等方式对北京旅游进行宣传推广。

(二)突出京味文化的特色旅游产品

历史与当代的碰撞,北京理应拥有东方古都与现代都市的双重魅力。在大力开发现代高档商务旅游的同时,也要充实北京古老京味文化的特色旅游。现代旅游已经不仅仅局限于传统的门票经济,旅游者越来越重视旅游体验。外来游客,尤其是外国游客,往往对中国传统文化有着较强烈的兴趣。可以进一步挖掘老北京民俗文化的旅游资源,以名人故居、天桥、胡同等具有北京特色的地方为依托,辅之以传统的杂耍、叫卖吆喝、三轮车、戏曲等表现形式,通过鼓励游客参与,深化老北京文化旅游内涵,提升旅游体验,定能极大地提高北京的旅游竞争力。

旅游纪念品是旅游者旅游体验中不可或缺的一块,目前北京已经有所突破。"北京礼物"品牌自 2010 年运作到现在,对于宣传北京文化,打造北京特色旅游纪念品、规范旅游商品市场都发挥着重要的作用。旅游纪念品可以不仅仅局限于传统的美食与手工艺品,与老北京胡同游、天桥体验游相关的人物模型、民间剪纸等,凡是能代表老北京民间文化的东西,都应当鼓励以旅游纪念品的形式向旅游者推广。礼品的设计形式和征集方式应当更灵活,不局限于设计大赛、设计师的创意,还可以来源于老北京前辈们的回忆和生活往事之中,把当代北京发展进程中遗失的却是人们心中所珍藏的东西体现出来,更有纪念意义和价值。

(三)强化与国内外旅游城市的联动发展

国内方面,高速交通体系的发展带动了近距离、高频次"微旅游"的迅速发展,实现了北京 1 小时到天津、石家庄,3 小时到南京、合肥,5 小时可以到达上海、杭州,全国多数省份均被纳入近距离旅游圈。对高铁旅客旅游市场的调研显示北京是大部分旅客首选的旅游目的地,因此提供必要的旅游信息和多样化的旅游产品非常迫切。为了更有效地打开这些潜在消费市场,北京旅游的发展仅依靠自身资源是不够的,还应将周边地区纳入大北京旅游圈共同发展。不断强化北京的旅游集散功能,通过旅游集散体系和区域旅游信息网络化发展,努力实现北京入境客源市场在中国境内和国内客源市场在环渤海地区的旅游枢纽地位。

国际方面,利用北京综合优势,依托相关政策支持,吸引全球性的组织总部入驻北京,引导国内外规模较大的旅行社、旅游服务企业向北京聚集,实现资源共享、信息互通,增加北京举办国内外大型会议的次数与影响力。为了将北京打造成世界城市,更好地开展国际交流与合作,使北京旅游与世界对接,经过 2011 年的不懈努力,终于在 2012 年 4 月,全球著名旅游城市"结盟"北京,秉着"旅游让城市更美好"的理念,"世界旅游城市联盟"成立,并且联盟总部永久落户北京,打造成旅游界的"世博会"。这一联盟的成立突破了世界组织极少落户中国的禁锢,提供了一个共商旅游城市经济、社会、环境及其他相关问题的高层对话平台,也为北京的全球营销战略找到突破口,树立国际高端旅游目的地形象、形成覆盖目标客源国的国际营销网络提供了有效平台,是北京国际化迈出的坚实一步,为世界旅游城市的发展、城市及地区之间的旅游合作提供平台和空间,促进城际间、区域间、国际间旅游产业的互动。

(四)挖掘入境旅游市场的成长空间

除去 2003 年"非典"与 2008 年金融危机的影响,北京入境旅游市场始终保持着稳步增长的良好发展态势,旅游人数稳定增长,旅游外汇收入节节攀升。入境游接待量已经突破500万人次,虽然入境游客只占旅游总人数的1/40,但创造的收入却占旅游总量的1/10。不过也要看到,来自传统入境旅游客源地港澳台、亚洲、美洲及欧洲的旅游者仍旧占据了北京入境旅游者的极大比重,而新兴的非洲、大洋洲的旅游者所占比重较小,在今后的旅游发展中应该有意识地加强对这些地区的营销力度。当然,对于这些传统的旅游客源地,创新的旅游营销也是必不可少的。可以看到,美国、日本和韩国的游客人数很多,而亚洲的新加坡、马来西亚以及美洲其他国家的入境旅游者人数却并不十分乐观。对于北京旅委而言,巩固传统市场,开拓新兴市场,对于实现北京入境旅游的可持续发展,是十分必要的。

对旅游业来讲,一件极为利好的政策将得以实施,为了使北京更加国际化,在这两年的各方努力下,2012年年底北京将正式实施"72小时免签"政策,这一方面向全世界表明北京开放的决心和手段,为真正成为世界城市迈出坚实的一步;另一方面,也为来京的商务旅客提供便利,为更多的国际会议、会展、赛事进驻北京提供了极为有利的条件,为北京高端旅游市场提供了巨大的客源市场,同时也为北京完善高端旅游产品和服务设施提供了契机。

此外,除了更多吸引入境旅游人数,如何延长入境游客在京的停留时间、提高入境游客在京的旅游消费、提升入境游客在京的旅游质量、增强北京旅游的市场竞争力,也是未来发展需要考虑与解决的重要问题。

以国际化为指引,构建东城旅游品牌形象

东城旅游局

旅游业作为衡量区域国际化程度和经济发展水平的重要标志,已经成为首都经济发展中新的增长点。2010年两区合并以来,是东城区旅游业历史发展进程中成果丰硕、具有里程碑意义的一段时期,东城区始终坚持以国际化为指引,构建国际化的东城旅游品牌形象,旅游业发展迈上了新台阶,为全面推进"国际化、现代化新东城"建设奠定了坚实基础。

一、东城区旅游发展概况

(一)文化旅游资源丰富

东城区作为古都的中心,承载和见证着北京800年历史的沧桑,集中体现了北京古都文化的精华所在。区内共有文保区18.5片,占全市旧城内历史街区总数的56%;拥有三级文物保护单位165处,占全市总数的18.2%;挂牌保护院落413处,占全市总数的66.9%。以永定门为起点、钟鼓楼为末端的古都北京中轴线纵贯区内,故宫、天坛两大世界遗产坐落于此,有保存完好的藏传佛教寺院雍和宫、元明清三代最高学府国子监和祭孔场所孔庙、"左祖右社"的太庙和社稷坛、浩气长存的文天祥祠和于谦祠,还拥有王府宅第、官署衙门、坛庙寺院、名人故居、私家花园、胡同、四合院等众多的文物古迹,还有以景泰蓝、雕漆、智化寺京音乐等为代表的众多非物质文化遗产,是文化部命名的"中国民间文化艺术之乡",集中反映了不同历史时代的文化发展脉络,成为北京乃至全国最具文化底蕴、文化旅游资源最为丰富的旅游目的地。

(二)旅游产业体系完善

东城区历来是商贾云集的繁荣富庶之地,尽显现代化国际大都市中心区的璀璨风采。拥有旅行社201家,旅行社分社10家,旅行社门市部157家,国旅总社、中青旅总社等一批大型旅行社位于东城区。现有星级宾馆72家,社会旅馆数百家,满足不同群体的需求。从东单银街到崇外商圈的"商脉"实现

南北贯通,"天街"——前门大街、"金街"——王府井、东方新天地、金宝汇、红桥市场等一批名街名店和"同仁堂"、"全聚德"、"便宜坊"等一批具有悠久历史的中华老字号荟萃于此。长安大戏院、保利剧院、红剧场、刘老根大舞台等文化娱乐场所聚集于此。更有一批特色文化休闲街和胡同——原生胡同的南锣鼓巷文化休闲街、古今交融的南新仓文化休闲街、24小时通宵营业的簋街餐饮一条街、国学氛围熏陶下的五道营胡同、创意文化聚集的方家胡同46号院等,这些已成为京城休闲时尚的亮点。特别是随着游客对文化体验的要求越来越高,一批四合院式的住宿、餐饮设施逐渐兴盛起来,其优雅的环境、优质的服务以及浓厚的文化氛围,让游客更加深刻地品味到老北京深厚的文化底蕴。

（三）区域地理位置优越

东城区作为首都的中心城区,是首都功能核心区之一,城市环境建设与管理水平不断提升,区域国际影响力、文化软实力显著增强。中央、市级政府机构和科研院所聚集,大型企业集中,政务、商务和文化活动频繁。东城区是全市仅有的3个"全国文明城区"之一、全市5个旅游示范区之一、全国仅有的两个"国家中医药发展综合改革试验区"之一,区内的龙潭体育产业园是全市唯一的"国家体育产业基地"。在全市旅游产业布局中,东城区是5个旅游示范区之一,全市规划的10个功能区中东城区占3个。同时,区域内拥有全国重要铁路枢纽北京站,拥有地铁1号、2号、5号线以及建设中的6号、8号线形成的便捷地下交通网络,拥有全市规模最大的轨道换乘综合交通枢纽站——东直门交通枢纽,从东直门到首都机场只需17分钟,不远的将来首都机场服务功能将前移到交通枢纽。得天独厚的区位和交通优势为旅游者的往来提供便利,使东城成为国际和国内游客到访北京的必经之地。

二、东城区旅游品牌国际化的重要意义

（一）符合建设中国特色世界城市的战略

世界城市首先一定就是世界旅游城市。北京是集中国文化之大成的历史文化名城、世界著名古都。东城区拥有古都最为核心的历史文化资源和无与伦比的区位优势,是北京古都风貌的集中展示,是北京历史文化的精华所在。东城区旅游品牌的打造是北京市旅游品牌建设的重要内容之一。东城区旅游品牌的国际化发展之路,将有力地丰富北京旅游产品架构,提升北京旅游服务的质量,完善北京旅游公共服务体系,成为北京建设世界旅游城市

的重要支撑,有利于中国传统文化的传播与弘扬,为北京建设中国特色世界城市提供有效驱动力。

(二)是建设国际化现代化新东城的必然要求

东城区20年总规划(2011—2030)中提出的总体发展定位是:首都文化中心区,世界城市窗口区,将"实施更加积极主动的开放与国际化战略","以经济国际化为先导","全方位融入世界,不断提升东城区在全球的知名度和影响力"。东城区旅游品牌的国际化发展,将通过旅游带来的人流、资金流、信息流,提升区域文化的聚合力和承载力,凸显核心文化的实力,促进区域服务业的转型升级,进而将相关产业聚合为城市的核心竞争力,将东城区建设成为形象鲜明、特色突出、服务优质的国际一流文化旅游目的地,使东城旅游业成为"区域经济发展的重要支柱产业"和"国际化大都市的品牌形象窗口",有力地推动国际化现代化新东城的发展步伐。

三、东城旅游品牌国际化工作成效

(一)深入研究,明确国际化旅游发展之路

旅游业是一个综合性产业。区域旅游品牌的国际化必将是政府、企业、社会等各种力量齐心协力、共同合作的发展结果。为了凝心聚力,广集各方智慧,东城区旅游委深入街道、社区,对区域内的各级政府主管部门、国内外游客、旅游企业、社区居民和相关产业进行深入的走访调研,认真了解不同组织、不同群体对旅游产业发展的认识和需求。在此基础上,就区域旅游品牌国际化发展不同层面的内容,与旅游专家学者、旅游企业高管、区内相关部门专家、政协委员、人大代表等不同层面的人士开展深入的交流探讨,共谋发展之路。

区旅游委对东城旅游品牌国际化发展进行了深入的研究。既有《东城区"十二五"时期旅游业发展规划》、《东城区建设国际化旅游城区的对策研究》、《关于全面推进东城旅游示范区建设的意见》、《东城区促进现代服务业发展改革示范区旅游产业发展建设总体策划》、《国民休闲大趋势下的东城区旅游产业发展》等整体发展战略层面的研究,也有《北京中轴线旅游产品整合与开发研究》、《皇城文化特色旅游对策研究》、《东城区旅游咨询服务体系建设规划》、《东城区商务旅游发展研究》、《四合院特色服务设施旅游开发对策研究》和《会议统计体系研究》等涉及旅游功能区、旅游产品、会奖旅游、旅游公共服务设施不同方向的专项课题研究。

通过认真分析东城区目前的优势、劣势、机遇和挑战,东城区形成了系统的旅游品牌国际化发展思路:以国际化眼光和现代化思维,立足独具优势的区域位置,依托丰富的文化遗产和社会资源,开发国际化的旅游精品;应用不同媒体和宣传渠道,构建国际化的宣传平台;推进资源整合,创新旅游产业发展模式;以人为本,优化管理,完善具有国际先进水平的旅游基础设施,营造开放包容的国际化的旅游环境,建设"国际一流的旅游目的地"。

(二)政府主导,建立国际化旅游发展大格局

东城区旅游资源类型丰富,权属多样,数量众多,旅游产业的发展涉及多个行业和部门。为推进区域旅游产业发展,东城区始终坚守"政府主导,统筹协调;多方合力,共赢发展"的原则,以规划为统领,充分发挥政府宏观指导、监督、协调与服务的职能,团结各方面力量,培育良好的旅游发展环境,共同推进区域旅游产业的发展。

东城区高度重视旅游产业的发展。在《东城区总体发展战略规划》中,将"世界著名文化旅游城区"作为区域的重要职能之一。在《北京市东城区国民经济和社会发展第十二个五年规划纲要》中,将旅游业列入四大支柱产业。2010年的东城区、崇文区合并工作中,东城区在政府人员编制紧张的情况下,增加了旅游局的工作编制。2012年1月,东城区旅游局正式"撤局变委",成立了东城区旅游发展委员会,并设立了2 000万元的旅游专项资金。新机构的工作重点将从以往的行政管理向行业促进方面转变,突出了对行业的统筹协调,强化了资源统筹、发展协调和旅游公共服务等方面的职能,为旅游发展增加强劲的动力。东城区加强机制创新,成立了由区领导牵头、相关政府部门和区内重点旅游企业参加的旅游产业统筹发展领导小组,建立了旅游产业统筹协调发展机制,加快了与商业服务业、文化创意产业、中医药产业等相关产业的融合互动,积极发挥旅游产业的带动作用。

针对旅游产业发展的特点,东城区成立了旅游行业协会,汇集了高星级酒店、会议公司、大旅行社、景区景点、特色商业旅游餐饮服务企业等重要旅游企事业单位,并相继成立了旅行社、景区景点、星级饭店、旅游商业、会议工作者联盟等分会。中国国际旅行社总社、天坛公园、北京饭店、红桥市场等一批在国内外旅游市场具有重要影响力的企业成为东城旅游行业协会的会员单位。借助协会力量开展行业间交流合作,充分发挥协会行业自律、行业监管作用,成为旅游产业一只有力的推手。以政府为主导,各部门协调配合,相关社会组织、旅游企业积极参与的国际化旅游发展大格局初步形成。

(三)开拓思路,构建国际化旅游产品体系

1. 开发精品主题旅游

随着旅游市场的发展,文化旅游正在从观光型向深度体验型转变。东城区紧紧把握旅游产品发展趋势,以区内丰厚的人文历史资源为核心,以游客的需求为导向,以提升游客旅游体验为目标,策划推出了系列旅游产品,既有壮丽中轴、皇城文化、四合宅院、戏剧荟萃、文博故居、特色街区、非物质文化遗产等8大特色游,也有"皇城内外看历史、胡同院落访古意、精品酒店享乐活、单车悠游环保行、美食购物宠身心、文艺活动赏创意"6大主题旅游,还有"爱上东城的十大理由"、"到皇城必做的十件事儿"等极具个性化的休闲体验性旅游产品,从而将旅游资源的整合从以往单纯的线路推广模式,向主题化、特色化、个性化、时尚化方向发展。

2. 大力发展会议旅游

会议旅游具有组团规模大、客人档次和消费额高、停留时间长、经济带动效应强的特点。随着中国和北京经济的快速发展和世界影响力的逐步增强,作为首都中心区之一的东城,旅游资源丰富,配套设施完善,具有发展面向国际市场的会议产业的独特优势,前景巨大。为此,东城区率先在全市16个区具中提出将东城区打造成"会议旅游目的地核心区"构想,按照"政府部门打造区域合作品牌,学术机构打造会议品牌,酒店企业打造服务品牌,会议公司打造专业品牌"的品牌运作策略,组建了旅游产业发展领导小组、会议产业专家顾问小组和会议工作者联盟的三级会议组织构架。聘请了国际会议公司、大型会议主办方、研究机构和媒体等方面的9位高端专业人士作为东城区会议产业的专家顾问小组成员,为东城区会议产业未来的发展出谋划策,源源不断地提供智力支持。会议工作者联盟成员单位达到50多家,包括区内的高星级酒店、特色四合院、户外活动场所、北京乃至全国大型会议公司、公关公司,是北京市第一家会议联盟。

东城区积极与国际会议专业人士联盟(MPI)、国际会议与大会协会(ICCA)、国际会奖旅游管理者协会(Site)开展业务联系和日常往来,将其遍布全球的网络渠道和先进的活动经验为己所用,主动加强了与瑞士迈氏会展集团、英国伯明翰国际会议中心、日本大阪府观光促进机构、美国协会高管学会等各国会议公司的合作与联系,加快吸引金融物流、高新科技、文化创意、现代服务等东城重点规划发展产业方面的相关会议到区内举办。通过多角度、多视野、多渠道与国内外知名会议专业组织和公司的紧密合作,东城区积极助推国际要素聚集东城、聚集北京。2011年,东城区在第二届中国国际会议产业周暨会议产业厦门高峰论坛上荣获"2010年度中国十大魅力会议目的地

奖",在第三届中国会议产业大会上荣获"会议产业促进奖"。

3. 不断推进新兴旅游产品

根据国际旅游产业发展的趋势和旅游市场的需求,东城区深入挖掘区域旅游资源,开发新兴旅游产品,推进旅游产品体系的更新升级,培养新的旅游产业增长极。一是积极推进修学旅游。以国子监、孔庙所代表的国学文化全球影响力为核心,整合区内丰富的优势教育资源,与国旅、中青旅和文化交流机构合作,开发以国学文化为核心,包括文化讲座、学生交流、手工艺技艺体验等寓教于乐的修学产品,让游客近距离了解东方传统儒家文化。二是发展中医健康旅游。以建设"国家中医药发展综合改革试验区"为契机,整合区内中医药文博设施、中医诊疗机构、中医药购物场所、养生餐饮休闲设施等资源,培育中医科学院古籍特藏部、京城名医馆、地坛中医药养生文化园作为"北京中医药文化旅游示范基地",精心策划以中医养生为核心的中医健康旅游产品。三是开发特色购物旅游。充分利用"中国民间文化艺术之乡"称号的品牌效应和资源优势,依托红桥市场、京城百工坊、北京珐琅厂、中华民族艺术珍品馆等知名京城购物场所,将非物质文化遗产、传统民俗等元素融入旅游商品开发中,开发融购物、体验、文博参观为一体的京味特色购物旅游产品。四是创新城市休闲旅游。以"胡同四合院文化"为主题,紧密结合创意文化产业发展,引导四合院基础设施的升级改造,积极打造前门大街、南锣鼓巷、南新仓、五道营、篑街、鲜鱼口大街等特色街区品牌,收集整理区内100余家四合院式精品主题酒店、餐饮、购物、文化演出等休闲娱乐设施,开发文化休闲旅游产品。

(四)融合发展,实现产业转型升级

1. 大力加强政策扶持

东城区将对旅游产业发展的扶持政策纳入到文化创意产业、中小企业扶持政策、招商引资政策中,并制定了专门的《东城区会议产业鼓励办法实施方案》等政策措施,多渠道为区内旅游企事业单位争取市、区优惠政策。每年年底,区旅游委牵头组织召开由区相关部门、街道及重点旅游企业等参加的旅游产业项目申报说明会,主动服务企业,指导协助项目单位做好申报工作,引导企业深化发展,促进产业发展和升级。"五道营胡同旅游设施改造提升项目"、"雍和园'创意之旅——胡同创意工厂'项目"、"前门大街手机导游导购平台项目"、"旅游自助信息服务平台"等一批重点项目获得了政府资金支持,国旅会展公司、北京饭店等十余家企业获得了奖励资金。2011年,区旅游委累计争取旅游产业发展资金近3 000万元,包括鲜鱼口美食街、台湾文化商务街等旅游产业项目已成为区内新的经济增长点,区内旅游产业实力得到了

明显提高。

2. 加强产业融合互动

东城区紧紧把握旅游消费趋势,充分利用旅游产业带来的人流、资金流、信息流的聚集,带动现代服务业市场拓展,促进旅游产业链各消费环节协调链接,"扩中端,拓高端",实现"旅游带动,产业共荣",使旅游成为东城服务经济发展的重要动力。加强旅游产业"吃住行游购娱"六要素的资源整合,延伸旅游产业链条,促进景区、宾馆、餐饮、购物商店、演艺剧场等互动发展,将旅游与文化创意、商业购物、餐饮住宿、文化演艺、中医药、休闲娱乐等产业紧密结合,深度激发旅游消费市场。同时以旅游产业为平台,搭建不同服务业态相互间合作与交流的渠道,共同开发针对游客市场的特色产品,互相为对方开辟宣传空间,市场资源共享,实现链条供需有效衔接。

(五)立足品牌,创新旅游宣传营销

1. 做强品牌旅游活动

按照"政府引导,社区参与,企业主导,市场化运作"的原则,不断挖掘区内文化品牌,着力打造一批文化旅游品牌。东城区以皇城文化为品牌,每年举办皇城文化旅游节庆活动,从2008年的五色皇城寻宝游活动,到2009年、2010年的皇城文化旅游节,不断丰富活动的内容,扩大企业参与度,加强活动的宣传力度,提升活动的影响力。2011年,将"皇城文化旅游节"正式更名为"皇城文化国际旅游节",体现了更加开阔的视野和战略的高度。在旅游节的举办过程中,东城区积极与世界旅游旅行大会、亚太旅游协会等国际旅游组织开展深度合作,为旅游节构建了更加广阔的国际化平台。2011年的皇城文化国际旅游节,在天坛祈年殿前拉开帷幕,100余家旅游、餐饮、购物、文化娱乐企业参与其中,线上线下同步进行,全方位、立体化的宣传报道,使其成为一次融古汇今的旅游文化盛宴、旅游文化传播的营销盛会,展示了东城区国际化的区域形象。

同时,东城区还大力培育王府井国际品牌节、前门历史文化节、红桥国际珍珠文化节、孔庙国子监国学文化节、南锣鼓巷胡同文化节、地坛庙会、龙潭庙会等品牌节庆活动,构建了区域品牌活动体系,成为区域旅游市场的亮点。

2. 拓宽旅游营销网络

大力拓展国际旅游市场宣传。加强与亚太旅游协会美国、日本、英国、丹麦、瑞典等世界性旅游组织和主要客源国的旅游局、旅游企业、新闻媒体的合作,积极参加日本、中国台湾、法国、德国、比利时、英国的旅游专业展会,向主要国外客源地推介区域旅游资源。东城区旅游资源已进入当地的旅游产品宣传渠道和旅游产品中。

第一篇　旅游目的地研究

根据游客的需求,编印了《东城区会议策划者手册》、《皇城脚下四合院》、《2011年北京东城精品旅游推荐手册》、《东城旅游手撕地图》等多品种、多语言、多形式的旅游宣传品共8大类20余万份。并通过加强与旅游咨询服务站和街道社区的合作,让区域旅游宣传资料及时发放到广大游客市民手中。

东城区高度重视媒体在旅游宣传中的作用,积极拓宽媒体宣传渠道,与北京电视台、中央人民广播电台、北京人民广播电台、北京日报、北京晚报、北京青年报、晨报、新华网、新浪网、腾讯网、北海道电视台等中外电视、电台、平面和网络共三十余家媒体建立了深入的合作机制。加强与新闻媒体的采编部门沟通联络,多次召开新闻媒体通报会,加深联系,定期交换信息。

加强对旅游批发商的精准营销。积极联系国旅、中青旅等国内大型旅游企业和日航等国外旅游企业驻京机构,召开旅游产品专场集中推介会,定期通报新的旅游资源,设立专人进行对接服务,邀请其进行实地考察,建立企业和旅游中间商的信息交换机制,促进区域旅游资源向旅游产品的转换。

3. 拓展数字旅游营销

通过多种信息化手段建立与国际接轨的东城旅游目的地信息服务体系,为旅游者提供及时、便捷、准确、全面的信息服务。

建立了国际化旅游网站。东城区旅游委的官方网站——皇城旅游网按照目前国际流行的设计方式,根据旅游者的搜索偏好对中、英、德、日四个语言版本进行了全面的改版升级,改版后的网站包括"印象东城"、"京味东城"、"乐享东城"等众多全新栏目,东城区旅游局制作的宣传品电子版可以在网站上免费下载,网站内容通过30万文字内容和1 000多张图片来全面展示新东城风采。

开展旅游微博营销。东城区于2011年4月1日在新浪微博上开通了官方微博,成为全国首批尝试政府旅游微博营销的地区之一。通过系统运用整合营销、关系营销、病毒式营销、事件营销、湿营销等营销策略,策划"中轴线的清晨"、"中国旅游日—东城"等具有社会影响力的微行动,得到了新京报、北京日报等多家传统媒体的报道,引起了广泛的社会关注,取得了良好的成效。东城区旅游委官方微博营销案例被新浪作为宣传案例。区旅游委总结自身微博营销经验的论文在专业旅游学术期刊上发表。目前,东城区旅游发展委员会的官方微博也正式升级成为政府版,增加了图片、视频等展示方式和与网友、企业互动的方式,更好地宣传区内旅游资源。

建立数字化旅游营销支持系统。采用网络竞价排名等专业方式提升网站知名度。建立区内旅游企业信息采集系统,与区内旅游企业实现营销活动信息的及时对接。建立旅游信息抓取系统,及时抓取网络上有关东城旅游资源的信息,从而有效地提升东城数字旅游营销的及时性、准确性和丰富性。

(六)以人为本,建设高品质旅游环境

1. 推进古都风貌保护

东城区坚持严格保护现存的历史信息与原物质载体,历史保护区内建筑风格、景观设计、公共设施要求与周围环境相协调,努力创造宜居、宜游、宜商的人文环境,使传统文化与现代文明相得益彰、和谐并进。近年来,东城区完成了永定门城楼复建、南中轴路综合整治和玉河工程,再现了宏伟大气的中轴气象;完成台湾会馆、阳平会馆、蔡元培故居、于谦祠、欧美同学会会址等一批文物抢险修缮;高标准修缮了前门草厂地区533个院落、5 000余间房屋,整治了东四三至七条等近百条胡同,有力地保护和改善了老城区的整体城市环境,为区域旅游发展奠定了基础。通过开展故宫、前门、天坛、国子监、钟鼓楼等重点区域旅游景观环境、旅游交通引导、旅游市场等整治优化工作,增强对旅游业态的吸引力和承载力,提升对周边景区的旅游服务保障能力,带动周边区域的旅游环境品质整体提升。前门大街荣获第二届中国环境艺术奖(综合类)最佳范例奖,成为继王府井大街之后,北京市第二条"中国著名商业街";南锣鼓巷市政改造项目荣获"国际花园城市与社区"市政项目全球金奖和"2011年亚洲都市景观奖";国子监街入选首批十大"中国历史文化名街"。

2. 完善旅游配套设施

以旅游功能区和特色旅游街区为重点,以游客需求为导向,统筹规划,合理布局休憩设施,加快无障碍设施建设,推动旅游厕所、垃圾桶等服务配套设施的改造升级。加强推进旅游标准化管理工作,加大星级饭店、A级景区等质量标准的宣传贯彻工作。在全区旅游企业开展内容丰富、形式多样的教育培训工作,免费下发培训教材2万余册,举办了"旅游行业职业技能竞赛"、"微笑服务示范岗"、"微笑服务大使"评选等多项主题活动。围绕咨询服务主站点和旅游咨询服务点建设,采取"i + n"的模式建立覆盖功能区的符合国际惯例和相关服务标准的旅游咨询服务网络,区内的王府井咨询站接待国外游客比例达到60%以上,成为北京旅游服务的一个重要窗口。借助蓝牙技术,建设城市旅游自助信息公共服务系统,向游客发送与所在地相关的多媒体旅游信息或安全信息。这些措施有力地提升了区域整体旅游服务水平,使之达到国际化旅游目的地要求。

3. 强化旅游市场监管

进一步健全旅游安全管理各项规章制度,加强旅游景区运营机构、旅行社、酒店宾馆等安全管理监督工作,建立和完善旅游安全信息提示、旅游安全预警、突发事件应急处理和旅游安全定期评估机制。2011年开展多次旅游市场秩序专项整治行动及安全生产监督检查专项行动,发现并整改各类隐患问题150项,查处各类违法行为563起。重点加强节假日的安保工作,对其进行升级,圆满完成了雍和宫春节安保和各项重大节庆活动安保工作。加大旅游市场秩序整顿力度,建立旅游景区点、旅游企业、旅游购物等的监管机制,规范胡同游市场,不断提高东城旅游的满意度。

经过多年的发展,东城区从重点旅游资源的单体发展向以区域形象为重点的旅游目的地发展转变,通过不断开发特色旅游产品,加强旅游宣传,完善旅游设施,提高旅游服务管理水平,有力地提升了东城文化旅游的国际知名度和影响力,打造了面向世界的国际文化旅游品牌形象。

未来几年,东城区将立足首都建设中国特色世界城市的宏伟目标,以"国际化、现代化新东城"战略目标和"首都文化中心区、世界城市窗口区"总体定位为指导,加快推进旅游产业示范区建设,深入挖掘传统文化内涵,大力推进区域旅游资源整合,盘活旅游存量资源,细分旅游市场,构建层次丰富、结构完善的都市旅游体系,建立国际一流的城市基础与服务配套体系,将东城区建设成为"国际一流的旅游目的地"。

北京建设世界旅游城市的差距、经验借鉴与发展路径研究

邹统钎[①] 秦亚亚 徐慧君

摘 要：北京拥有创建世界旅游城市的巨大潜力,但与其他世界旅游城市相比,在产业控制力、决策控制力、产业影响力和区域旅游控制力方面仍存在很大的差距。本文在北京建设世界旅游城市的差距诊断及国外世界旅游城市经验借鉴的基础上,提出北京要建设世界旅游城市必须成为一个具有枢纽功能的旅游目的地,同时要加强枢纽的配套建设,发展区域合作,对相关旅游产业进行融合配套与开放,并形成政府服务—企业支持—社会互动的治理模式。

关键词：世界旅游城市 差距诊断 枢纽

奥运之后,北京市委市政府便提出了建设世界城市的目标。据此,北京旅游发展目标必然是世界旅游城市。北京创建世界旅游城市必须学习已有的成功经验,同时结合自身城市特征,找出差距,才能归纳出适合自己的发展道路。本文正是基于这种现实要求,在寻找北京距离建设世界旅游城市存在的差距的基础上,通过与新加坡、迪拜、伦敦等国际城市对比,为北京建设世界旅游城市的发展路径提出策略和建议。

一、北京建设世界旅游城市的差距诊断

北京作为中国首都,全国政治、文化教育和经济中心,占有着其他地方无可比拟的各种社会资源。然而,尽管北京创建世界旅游城市有着巨大潜力,但与其他世界旅游城市相比,在产业控制力、决策控制力、产业影响力和区域旅游控制力方面仍存在很大的差距,北京还有很多方面要努力。

---

① 邹统钎:(1964—),男,江西吉安人,博士,北京第二外国语学院旅游管理学院院长、教授,中澳旅游研究中心主任。研究方向为旅游目的地开发与管理。

(一)北京产业控制力

1. 国内旅游与入境旅游

(1)旅游总数

北京旅游总人数一直以来都呈现直线增长的趋势,尽管近年的金融危机席卷全球,但单从旅游人数方面看,北京旅游业似乎有着很强的免疫能力。北京 2008 年到访人数为 1.4 亿人次,2009 年为 1.6 亿多人次,2010 年到京旅游总人数达到 1.8 亿人次。而同期纽约、东京、新加坡、中国香港等世界城市,除东京外其他城市都仅有不足 5000 万的旅游总人数。可以说,北京的旅游总人数远远超过其他城市旅游接待人数的水平,北京旅游势头很强。但是,北京要想走出国门立足于世界城市之林,建设成世界旅游城市,不应该把标准仅仅局限在旅游总人数上,更重要的是应该衡量入境人数的多少。

(2)入境旅游

图 1 中选取的入境旅游人数样本除了巴黎是 2008 年的,其他均是 2010 年入境旅游人数。可以明显看出,北京市接待的外国游客人数还不到 500 万人次,而其他世界城市均在 500 万人次水平上,新加坡、中国香港、巴黎、伦敦都远远超过了 1 000 万人次。亚太地区中国香港的入境旅游人数最多,略多于新加坡;北京最少,不及中国香港和新加坡的 1/2。

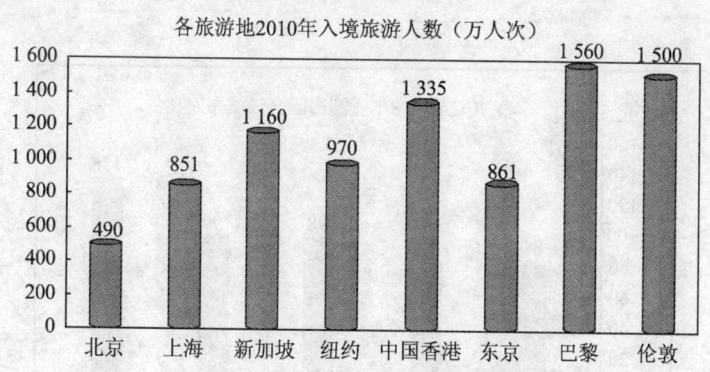

图 1 各旅游地 2010 年入境旅游人数

从以上分析我们可以看出,北京市的较高的旅游总人数很大程度上是依赖于庞大的国内旅游人数,而入境旅游人数的发展却不及世界旅游城市均数的一半。

2. 会展业

北京会展业最近十几年发展显著,1998 年北京举办的大型国际会议仅有

44个,世界排名35位。而12年后,ICCA(国际大会及会议协会)公布的2010年排名中,北京已成亚洲第三大国际会议城市(图2),虽然是国内第一,但是与新加坡相差还是很大(图3)。

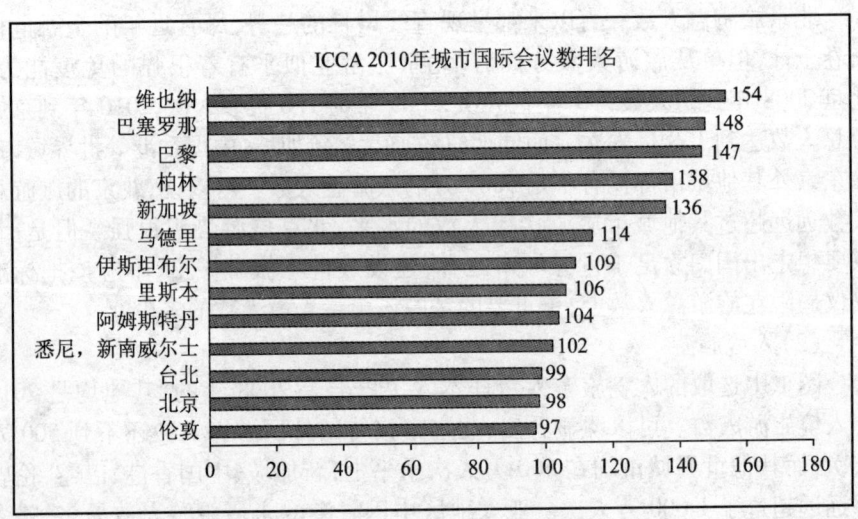

图2　ICCA 2010年国际会议城市前十三名

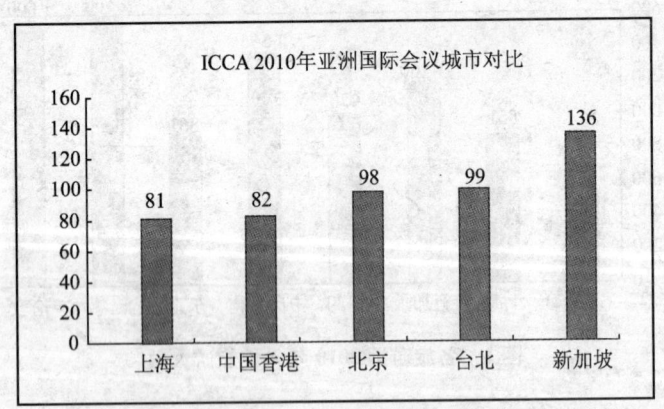

图3　ICCA 2010年亚洲国际会议城市对比

3. 国际交通

世界城市一般拥有国际机场至少两个,如纽约拥有3个国际机场,东京有2个国际机场,伦敦有5个国际机场。而北京仅有首都国际机场一个民用国际机场,因而在国际旅客吞吐量、国际货邮吞吐量等方面,北京落后于其他国际城市。

(二)北京决策控制力

1. 总部经济发展力

北京所拥有的国际性组织的总部及知名企业的总部与其他世界城市相比,悬殊比较大。目前,几乎没有国际性NGO总部落户于北京。2011年全球500强中虽然落户于北京的有40多个,但是中国本土的公司占绝大多数,缺少真正意义上的总部经济发展力。跨国金融企业与跨国非金融企业的数量和规模都明显落后于伦敦、纽约、东京等城市。

2. 人才吸引力

人才是一个国家持续发展不竭的动力。然而,在人才吸引力方面北京远落后于其他国际城市。尽管在人口总量上北京远多于纽约和伦敦,但2000年北京每万人口大学生数仅是伦敦的1/2,不及20世纪90年代的纽约和东京的1/2;2005年高科技产业人员比重不及纽约和伦敦的1/7、东京的1/22;2008年外籍人士占总人口的比重不及纽约和伦敦的1/60、东京的1/16。此外,北京城市人口中仅有10%能流利地运用国际通用语言与外国游客交流,这与世界级旅游目的地城市70%的外语普及率有相当大的差距。

(三)北京产业影响力

1. 信息影响力

除了在媒体数量方面北京均少于纽约、伦敦和东京外,在旅游信息的宣传和沟通方面也存在不足。外国游客量与市民量的比值,纽约(5.76%)远大于北京(0.32%),约为后者的16倍,伦敦和东京也都高于北京。

2. 科学教育影响力

北京与世界城市纽约、伦敦、东京在科教发展力及影响力方面都存在很大差距。2007年大学排名中,北京高校中进入前2 000强的为17所,均少于纽约、伦敦和东京。在新技术研究与运用方面,2005—2007年北京国际认可的专利数量仅为纽约、伦敦、东京的1/5还不到。累计到2008年,在国际论文发表数量上北京(387 000篇)仅高于纽约(20 900篇),与伦敦(527 000篇)和东京(638 000篇)均有一定差距[①]。

---

① 胡雪峰.建设中国特色世界城市:新起点、新目标、新举措的PPT.2011年11月.

3. 生活及环境影响力

(1) 生态环境

1999年,北京曾被世界卫生组织和联合国环境规划署下属的全球环境监测系统评为世界上空气污染最严重的10个城市之一。北京申办2008年奥运会时,环境问题也是主要障碍之一。奥运前后,北京的空气质量明显提高,但是跟国际城市相比仍存在较大差距。目前北京人均占有公共绿地仅为11.2平方米,刚达到区域性国际旅游目的地城市标准,虽然超过东京,但仍低于纽约和巴黎。在污水处理方面,北京污水处理率仅为70%,而纽约可以达到100%。可见,北京与世界级国际旅游目的地城市在生态环境方面的确还存在一定差距。

(2) 交通条件

北京在铁路线路、轨道交通、公共汽车系统方面相对纽约、伦敦等都比较落后,其中尤以轨道交通建设方面落后于国际旅游城市。目前,北京的轨道交通运营线路为340公里,而世界旅游城市的标准为400公里,纽约、伦敦、东京均超过了这一标准,纽约甚至达到标准的2.5倍多。此外,北京的公交出行比例仅为34.5%,而纽约、伦敦和东京均在65%以上,这也是目前北京交通拥堵的重要原因之一。

(3) 社会安全

在社会安全方面,应该说北京的社会治安状况良好,远远优于世界级旅游目的地城市的社会安全状况:北京每万人犯罪发生件数为198,远低于伦敦(1390件)的这一同期数据。可以说,北京作为一个安全的旅游目的地城市当之无愧,这是北京建设世界旅游城市的重要保障。

(四) 北京区域旅游控制力

1. 北京市的区域旅游控制力逐年下降

北京作为中国首选旅游目的地城市的地位已经面临巨大的挑战,北京入境国际旅游人次占全国国际入境旅游人次的比例从1983年的6%逐年下降到最近的3%左右(图4)。国际旅游收入从20世纪80年代的30%左右下降到现在的10%左右(图5)。2000—2009年北京市国内旅游收入占GDP比重出现负增长,下降4%,下降幅度全国第二,仅次于天津。京沪穗旅游外汇收入比从1991年的1:0.34:0.38下降到2002年的1:0.73:0.60,再下降到2009年的1:1.1:0.83。以上现象产生的重要原因之一是开放口岸增加,北京作为旅游枢纽的功能逐步下降。

2. 近年来上海开始全面超越北京成为中国的首选旅游目的地城市

2003年上海旅游业开始超越北京。借助上海世博会,2010年上海国际入境旅游人次为851万人次,远超过北京的490万人次,国际入境旅游收入达

64亿美元[①],为北京的1.28倍;国内旅游人次达2.1亿人次,为北京的1.17倍;国内旅游收入为北京的1.04倍,全面超过北京成为中国首要旅游目的地城市。其中一个重要原因就是上海发挥长三角大区域旅游的枢纽功能越来越强。首都机场年度旅客吞吐量虽然突破7 000万人次,稳居世界第二,但是外国人入出境人数最多的口岸是上海浦东机场,占全国总数的20.0%,北京首都机场占16.1%。

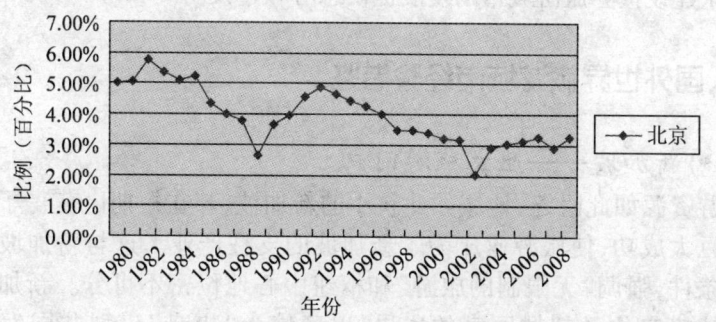

图4　1980—2009年北京入境旅游人数占全国入境旅游人数的比例

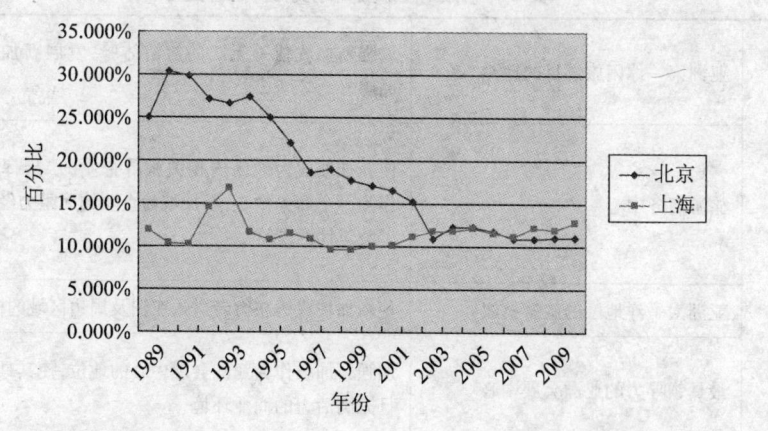

图5　1989—2009年北京与上海入境旅游收入占全国入境旅游收入的比例

---

① 中国旅游年鉴2010[M].中国旅游出版社.

由前文分析我们可以得出结论:北京虽然距离世界旅游城市越来越近,但距离中国首要旅游城市越来越远。一直被认为旅游业发展第一的北京近年来其旅游业发展势头却不及上海。上海通过长三角区域旅游合作战略及成功举办世博会等,不仅获得了极高的旅游经济效益,同时也实现了由单枪匹马的竞争关系转向与周边众多兄弟城市联合互利的共赢。上海的成功给北京旅游业的发展带来很多思考。下文将以国外重要旅游城市经验为例,以期为北京建设世界旅游城市的发展提供思考和建议。

二、国外世界旅游城市经验借鉴

(一)新加坡——亚太旅游门户

旅游资源如此匮乏、地域如此狭小的新加坡,却在短期内获得了旅游业发展的巨大成功,使旅游业成为了新加坡的支柱产业。这与新加坡充分利用优势条件,强调"无限制的旅游"和枢纽中心地位密不可分。新加坡旅游发展的战略定位是超越国家的边界,以区域为"棋盘"谋划共同发展的定位[1](表1)。

表1 新加坡旅游发展战略定位

新加坡旅游发展战略定位	亚洲第一休闲旅游目的地	增强新加坡独一无二的旅游体验,发展新加坡旅游品牌
	旅游商务中心	使新加坡成为地区内相关旅游企业的"指挥中心",作为一个商务中心,新加坡为企业的无阻力经营提供了关键性的支持
	亚洲太平洋地区的旅游枢纽	使新加坡成为旅游者进入亚洲及周边区域的枢纽
	最具领导力的亚洲会展中心	加强新加坡作为亚洲会展中心的地位,使其具有浓厚且充满活力的商业环境
	亚洲服务中心	使游客享受高品质服务的地方,如医疗和教育服务等

资料来源:新加坡旅游局(Singapore Tourism Board)。

---

[1] 新加坡旅游局网站,www.yoursingapore.com。

第一篇　旅游目的地研究

1. 亚洲旅游枢纽建设[①]

新加坡政府长期采取高度开放的空域、海域政策,兴建现代化机场和港口,促进交通进一步发展。

港口:新加坡港务集团经营着全世界最繁忙的中转集装箱码头,处理全球1/4的转运量,为客户提供通往130个国家700个港口的200条航运线。新加坡是世界第三大海运中心,当之无愧的国际货运枢纽。

航空[②]:建设航站楼3个,还有多处廉价机场,是世界第三大繁忙港口。从樟宜国际机场起飞的载货、载客航班往返近60个国家的180多个城市,每周定期航班超过4 000趟,每年接送乘客3 500万人次、运输货物193万吨。

2. 大力发展过境旅游

过境游是新加坡旅游营销的重点。通过对新加坡各项旅游营销和促销政策的研究,笔者发现出现频率较高的是"stopover"、"transfer"等有关"过境"和"中转"的词[③],通过争取更多的过境游客从而巩固新加坡国际中转城市地位,成为通往亚洲甚至是澳洲的门户。

(1)"过境随意行"

"过境新加坡,获得到亚太地区旅游胜地的超值优惠价格。"在樟宜机场官网的旅游信息专栏里设有这样的一句标语,并和欧美主流网络社区Facebook和Twitter合作,可以及时提供给好友分享。标语下面的链接为政府成立的专门的"过境新加坡"网(www.viasingapore.com),该网站口号为"通往亚洲和澳洲的门户!"(Gateway to Asia and Australia!)在"过境新加坡,获得到亚太地区旅游胜地的超值优惠价格"理念下,精心设计了"新加坡过境随意行"(Singapore Stopover Holiday),只要通过新航或者新加坡胜安航空公司购买行程过境新加坡的机票就可以获得新加坡酒店、景点、交通等一系列的优惠和超值服务。但是,必须要求行程包含多个城市(multi-city itinerary)并且经停新加坡(stopover in Singapore)。满足以上条件的游客就可以在新航或新加坡胜安航空公司的网站上预订Singapore Stopover Holiday项目。该项目已间断性地推出了3次。2009年4月首次向全球推出"精彩纷呈新加坡过境随意行

---

① LOW,L.,HENG,T. M.. Singapore:development of gateway tourism[J]. Tourism and Economic Development in Asia and Australasia,1997.

② K. RAGURAMAN. Airlines as instruments for nation building and national identity:case study of Malaysia and Singapore[J]. Journal of Transport Geography,1997,5(4),239-256.

③ T. C. CHANG and K. RAGURAMAN. Singapore Tourism:capital ambitions and Regional Connections [J]. Interconnected Worlds Tourism in Southeast Asia,2001,47-63.

套餐"。2009年9月至2010年3月底更新了套餐种类继续推出,2011年4月至2012年3月底第三次推出。

(2)"BOOST计划"锁定过境游客

为了振兴金融危机下的旅游业,新加坡旅游局宣布推出总值9 000万新元(1新元约合0.66美元)的"旅游业抓紧机遇加强发展计划"(简称BOOST计划),通过宣传攻势、价格促销及资金援助等多种方式协助旅游业者渡过眼前难关。

从2009年2月19日起,新加坡旅游局以"och2009畅游新加坡"为主题,在全球范围内展开为期一年的宣传攻势,以价格诱人的旅游配套举措,如优惠的机票和酒店住宿等,大力吸引外国游客,特别是中国、印度、印度尼西亚和马来西亚四大区域市场及新兴市场越南的旅行团、自由行及会议、展览与奖励旅客。

为减轻业者的经营成本,新加坡旅游局通过BOOST计划还为那些主办展览与会议(MICE)的业者特设援助资金,以帮助他们在经济艰难时期仍有实力招揽项目,保持区域市场竞争力,扩大顾客网络。此外,新加坡旅游局从2009年2月15日起,豁免导游和本地旅行社执照费2年,受益旅行社及导游分别超过800家及1 800人。同时,BOOST计划还出台了"新旅游业专才培训计划",以便使那些有意提升员工技能进而迎接新市场需求的业者,享有90%的国外培训津贴,为经济复苏后的发展做好准备。

(二)迪拜——世界级交通枢纽

20多年来,迪拜利用"石油美元"建成了一系列现代化配套基础设施,大规模的建设也使得迪拜成了奢华的代名词。但是自2003年起,迪拜旅游业的收入已经超过了石油收入,占到了GDP的10%以上[1]。而且旅游业还解决了迪拜25%的就业率,这也成为最主要的收入来源。虽然迪拜旅游经济的迅猛崛起与其所处亚、非、欧三洲的交通要道关系密切,但迪拜在促进旅游业发展上的不懈努力和独特思路却可以称为特有的"迪拜模式"。迪拜已成为海湾地区最值得享受的旅游胜地,该地区旅游产业各类资源最大的集聚地,甚至是国际顶级奢侈旅游资源的聚集地。

世界级交通枢纽:①迪拜港是亚洲、非洲与欧洲之间海运联络的重要枢纽港。②迪拜国际机场(Dubai International Airport)是中东地区最大的航空港。迪拜又筹资820亿美元,在迪拜西南方401公里的杰贝阿里市大兴土木

① http://baike.baidu.com/view/17176.htm.

打造占地140平方公里、号称世界最大的机场——阿勒马克图姆机场。2010年该机场已经开始投入使用。

巨额投资旅游设施：迪拜通过巨额投资建设一座座世界级的标志性旅游设施来吸引世界各地的旅游者。迪拜的旅游设施又是旅游景点：世界上第一家七星级酒店、全球最大的购物中心、世界最大的室内滑雪场、中东地区最重要的贸易展览中心迪拜世界贸易中心等，还有一些堪称世界奇迹的如地球群岛、棕榈人工岛、酋长国宫殿酒店、哈利法塔等。

此外，迪拜还投资建设了迪拜网络城（Dubai Internet City）、迪拜媒体城（Dubai Media City）和迪拜学术城（Dubai Knowledge Village）。迪拜网络城号称"中东硅谷"、"中东IT第一港"。尽管迪拜网络城不是中东唯一的高科技产业中心，但无疑它是最成功的。政府为前来这里创业的公司和投资者开出了许多优厚的条件，包括电信服务价格优惠30%、大量的低息贷款以及简易的申请程序。迪拜媒体城拥有世界最大的IP电话系统，被描述为"一个知识经济的生态系统，专为信息通信技术的商业发展提供支持。这些近乎世界纪录的特色吸引了全世界的目光"。

优惠的投资政策：当地政府不仅自己对本地投资巨大，也非常欢迎外商去迪拜投资。对外经济政策大致有以下几点：①无外汇管制，货币自由汇兑，资本和利润100%汇回本国。②货币稳定，与美元汇率连续保持30年不变。③无须缴纳营业税、所得税。④实行6%低税率关税。⑤进出口不实行货物配置限制。

三、北京建设世界旅游城市的路径

（一）转变功能定位：目的地+枢纽

旅游城市有目的地城市与枢纽城市之分，目的地城市主要是通过拥有的资源获得财富，枢纽城市则是通过流经的客源取得控制力。控制力不同于竞争力在于它要实现的不是区域间的竞争状态，更多的是以区域主导者的地位促进区域间资源共享，协同合作，从而使得整个区域实现共赢。

纵观世界一流旅游城市，如新加坡、迪拜等都以打造国际旅游枢纽为战略定位，其目的就是实现其对区域和国内旅游发展的绝对控制能力。如果能占有绝对控制的地位，那么，相应的各类旅游资源会聚集并辐射到周边，成为进入其他旅游目的地的门户，占有霸主地位。反之，失去区域或国际旅游控制力，就会很快失去对旅游资源的配置权，丢失竞争力。

因此，正确把握北京的功能定位是实现北京创建世界旅游城市的必由之路。长期以来,北京都是把自己定位为中国首要旅游目的地城市,主要是依赖它所拥有的资源来积累财富,而非通过流经它的东西取得控制力,结果导致北京市对区域旅游业的控制力在逐步下降,区域的矛盾也急剧增加。根据前文北京建设世界旅游城市的差距诊断及国外世界旅游城市的经验可知,北京要建设世界旅游城市,不仅仅要成为国际旅游目的地,也必须成为区域旅游枢纽(中国的门户、东北亚的枢纽),即要建设成一个具有枢纽功能的旅游目的地。

(二)加强枢纽建设,强化枢纽功能

为了强化枢纽功能,北京应当加强客流中心、国际交通中心以及国际旅游企业的总部基地三方面的建设。

大力发展游客集散中心,组织客源向环渤海、中国北方地区输送。北京南站建成津城旅游枢纽,与天津互送客源。大力发展国际空港交通,建成东北亚旅游活动的互动平台,建设成为中国与东北亚的游客互游的集散地。

加快建设国际航运中心。北京一方面应加强国际空港建设,另一方面应加强与天津的合作,特别是利用天津机场、天津港口优势形成功能互补、市场互换的一体化机制,共同推动和建设北京国际航运中心。北京到全国绝大部分省会城市将形成8小时以内的交通圈。

大力发展旅游总部经济。通过政策、信息等方面的帮助,大力支持旅游总部经济的发展,形成一批区域性、全国性乃至国际性旅行社、旅游信息和旅游金融服务企业,引导大型企业集团向北京聚集,形成向周边输出的客源、资本、管理、信息中心。

(三)发展区域合作

上海旅游控制力的提升很大程度上得益于与长三角地区多个城市的互利合作,并成为国内游客进入长三角、国际游客进入中国及长三角的枢纽。而北京的现状是一枝独秀,北京五环以内建设得很漂亮,到了五环以外经济就非常落后,向北是草原,向东南是工业城市天津,被经济发展落后的河北包围。因此,实现与周边区域的实质性合作是北京突出重围的必修课。具体措施有:①鼓励北京旅游企业输出资本,投资周边。②整合旅游资源,将周边旅游资源纳入北京旅游版图。③加强京津冀地区旅游集散网络建设,构建涵盖京津冀地域的"大北京游客集散网络"。④成立常设的协调委员会。

（四）融合、配套与开放

1. 相关产业融合

旅游产业融合对于北京建设世界旅游城市具有重要的意义。北京应当依据自身的特点，促进旅游业与农业、工业、文化、商业等产业的融合，发展乡村旅游、工业旅游、文化创业旅游以及商务会展旅游等。

2. 地标建筑旅游配套

上海的东方明珠塔、金茂大厦、和平饭店等都是上海的地标建筑，也是上海重要的旅游吸引物。上海几乎每建一个标志性建筑，都会健全旅游配套设施，成为一个著名的旅游景点。但是北京的标志性建筑却并没有旅游功能，不能为旅游者提供观光和体验的功能。建设世界旅游城市，北京应该加强地标建筑的旅游配套设施建设，如加快中央广播电视塔、北京电视中心等标志性建筑的开放等，以丰富北京的旅游城市形象，增加北京城市旅游的吸引力。

3. 城郊河流整治

北京六环路以内共有城市河流52条，长度达520公里，除此之外，还散落着许多城区湖泊。近年来，北京投巨资对这些河流进行了治理，其中包括较为重要的清河、坝河、通惠河、护城河、潮白河等。经过治理改造后，这些河流的水质有了明显改善。北京应进一步加强城郊的河流整治，改善北京的城市环境，通过滨河地区的旅游开发，例如通过新城滨河森林公园的建设，提升北京的旅游城市形象。

4. 保密单位开放

作为首都，北京拥有丰富的政治旅游资源。北京市政委决定从2011年起，将每年的4月份确定为北京市政法系统爱民月，将每年4月的第二个星期五确定为北京市政法机关的开放日。在开放日当天，全市政法系统从市级政法各部门至基层科、队、所、庭等一线单位，除涉密单位以外全部对社会开放。如果北京市能进一步扩大开放的时间和范围，对保密单位也一并开放，将成为北京旅游的又一大亮点和特色。

（五）形成政府—市场—社会协调机制

北京要建设世界旅游城市，实现旅游的可持续发展，就需要改革当前以政府为主导的治理模式，从加强体制改革、转变政府职能、发挥企业社区作用等方面入手，形成政府服务—企业支持—社会互动的治理模式。通过政府、社会、市场的共同参与，平衡各方利益，最终达到旅游目的地城市的可持续发展(图6)。

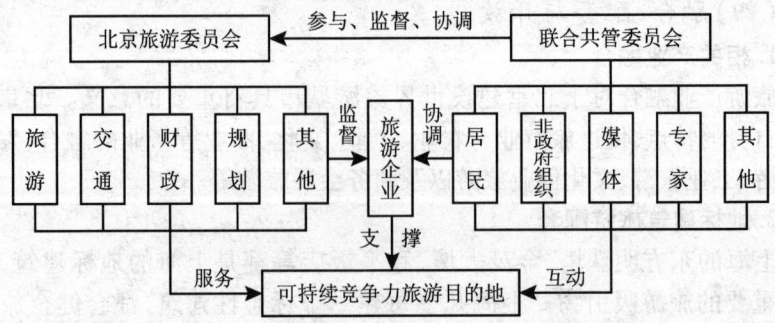

图6 北京世界旅游城市治理政府、企业、市场协调机制

参考文献

[1] 胡雪峰. 建设中国特色世界城市:新起点、新目标、新举措的 PPT. 2011 年 11 月.

[2] 中国旅游年鉴 2010 [M]. 中国旅游出版社.

[3] 新加坡旅游局网站, www.yoursingapore.com.

[4] LOW, L., HENG, T. M.. Singapore:development of gateway tourism [J]. Tourism and Economic Development in Asia and Australasia, 1997.

[5] K. RAGURAMAN. Airlines as instruments for nation building and national identity:case study of Malaysia and Singapore [J]. Journal of Transport Geography, 1997, 5(4):239 – 256.

[6] T. C. CHANG and K. RAGURAMAN. Singapore tourism:capital ambitions and regional connections [J]. Interconnected Worlds Tourism in Southeast Asia, 2001:47 – 63.

[7] http://baike.baidu.com/view/17176.htm.

第一篇 旅游目的地研究

北京旅游城市建设的管理合作体系研究

冯 凌①

2008年奥运会之后,着眼于首都北京的国际化发展,北京市委市政府提出了建设世界城市的战略构想[1]。在此背景之下,旅游行业部门提出了北京建设世界一流旅游城市的发展目标[2]。服务于这一发展目标,以北京市旅游局为基础组建了北京市旅游发展委员会。然而,从目前北京市旅游产业发展和行业管理现状出发,要实现这一宏伟目标,必须获得更强大的支撑力量才能实现战略性突破。因此,本文在全面考察北京市旅游业可资借用和整合的战略性资源基础上,提出旅游行业管理应进一步深化战略合作:与相关部门合作,构建综合推动格局;与科研院所合作,构建创新发展格局;与国际社会合作,构建开放发展格局;与媒体传播合作,构建全社会支持旅游业发展的大格局。通过以上战略合作整合战略资源,寻求战略支撑力量,从而形成与世界旅游城市建设相适应的推动体系。

一、与相关部门合作发展

在产业加速融合、混合型业态渐成主流的趋势下,致力于城市全域旅游的建设发展,进一步加强相关产业和行业管理之间的合作,其实质是寻求部门和行业之间的共赢,有利于提高城市旅游业发展水平。

（一）合作原因

首先,从内在特点看,旅游业本身是一个牵涉面宽、产业链长的综合性产业,并由于现阶段受多样化市场需求和产业模式创新驱动,旅游业与相关产业、城乡环境和各类社会资源融合发展加快,产业的多元化、业态创新趋势越来越显著,形成一个庞杂的大旅游产业体系,造成旅游管理体制与产业发展

---

① 冯凌(1979—),男,四川广安人,博士后,北京第二外国语学院旅游发展研究院讲师,主要研究方向为旅游与服务业经济,E-mail:153112950@igsnrr.ac.cn。

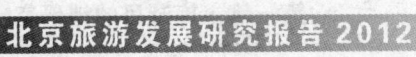

的内外环境变化不适应，突出表现在小行业管理与大产业发展格局不匹配、多部门多头监管难以形成合力等方面，其中若干核心问题需要若干行业、部门合作推动。

其次，部门合作将拓展产业功能、引导新业态发展，从而带来新的发展增量。旅游业与工业、农业、服务业、文化业、体育业、地产业、金融业等产业和领域的进一步融合，不仅产生了乡村旅游、工业旅游、文化体育旅游，丰富了旅游资源载体和产业发展形式，同时旅游休闲农业、乡村旅游、工业旅游和旅游工业、旅游服务业、旅游地产等也将改造优化传统产业，为相关产业持续发展找到了新的突破口。

最后，有利于形成广覆盖和科学合理的公共管理与服务体系。旅游业又是一个资源管理、市场监管和公共服务一体化的全要素、综合性产业，旅游活动和产业运行涉及一系列众多的利益主体、行业部门和法律关系，因此只有理顺旅游管理部门与相关部门的竞合关系，以更加开放的心态寻求部门间相互合作，才能建立完善的联合执法体制、公共服务体系和科学合理的产业治理结构。

(二) 合作重点

与相关部门建立战略合作关系与合作发展机制，寻找工作结合点，强化部门联动，形成多方推动的发展格局。

第一，建立多部门的旅游业管理合作体系。如与文化、建设、环保、林业、水利等各相关部门合作，对旅游资源开发、保护和可持续利用进行共同管理，争取在规划等源头环节就做到分工落实、协调合作、有效衔接、联合行动，寻求对资源利用的高效管理；与宏观调控、经济商务等部门合作，研究并实施以旅游业刺激消费的战略举措；与宏观调控、节假日管理、人保等部门积极合作，协调引导休闲度假，促进产业结构升级转型；与财政、金融等管理部门合作，寻求落实各类旅游业专项资金、共建旅游产业发展基金等；与发展改革、国土资源、环境保护、林业、科教等部门寻求合作，研究旅游业节能减排与低碳发展战略，研究生态补偿、林权制度改革等政策与旅游产业的结合措施以及配套的森林旅游和生态旅游等专项旅游发展，研究推进旅游发展与区域主体功能区战略的结合，明确旅游业在各类主体功能区特别是限制开发区和禁止开发区的地位和作用；推动旅游与交通、城市建设等相关部门合作，优化旅游环境和交通、城镇格局，提高交通便捷性和城镇的宜居性；采取积极措施，进一步加强旅游与文化、体育、商贸等服务业结合，切实推动文化旅游、体育旅游、商务旅游发展，带动现代服务业发展繁荣；强化部门联动，建立与传统产业的战略合作，如与农业管理部门合作推进乡村旅游和休闲农业发展，与

第一篇 旅游目的地研究

工业管理部门合作推进工业旅游示范区等,形成旅游经济新的增长点。

第二,寻求多样化的部门合作工作方式。例如,以专项旅游促进中心建设为载体,推动多部门的日常合作联动。与文化、遗产文物、资源生态等各部门联合成立文化旅游促进中心、遗产旅游促进中心、工业旅游促进中心、温泉旅游促进中心等,探索建立日常性的工作协调机制,共同研究解决各类型旅游发展中存在的瓶颈问题。例如,共同研究制定针对专项旅游(工作)的系列标准,以标准对该领域进行规范管理。

二、与科研院所合作发展

科学技术和高素质的人力资源是旅游业创新发展的两个基本条件,正日益成为优化旅游业发展模式、提升旅游服务质量和产业素质的主要力量,推进与科技教育等新兴要素合作,是北京市旅游业转型升级发展的重要手段。

(一)合作原因

首先,旅游业正成为一个新兴、巨大的科学研究和科技应用领域,信息化与科技化越来越成为旅游业发展的重要支撑,"智慧旅游"使旅游业的现代服务业特征日趋明显,北京应率先引领"智慧旅游城市"建设。随着信息化发展应用,尤其是终端集成技术、3G网络、互联网宽带和场景模拟技术发展,网络交易、终端销售和虚拟旅游不仅将革新产品创造、营销和市场开发的既有模式,甚至将彻底改变旅游的方式和形态。此外,旅游装备制造不断创新发展,户外运动装备、旅游讲解系统、景区安全监控、旅游应急救援等将进一步运用现代科技。新技术革命浪潮不断创造新的产品、业态和商业模式,成为旅游业创新发展的重要力量。

其次,目前合作条件已基本成熟。经过多年发展积累,北京市旅游行业管理已基本构建了较为成熟的管理体系和示范推广网络,研发成果较易进行应用性转化,而目前在京旅游科学研究资源丰富,也已经形成一支庞大的队伍、积淀了丰厚的成果,尤其是一些专业性的科研院校已构筑了良好的科技创新平台。

因此,推进北京旅游行业管理与市科教机构建立战略合作,其实质是科研、教育资源与巨大行业需求的结合,有利于构建和完善"官产学研"一体化链条,可以为北京旅游业发展提供基础研究和现代科技支撑,可以推动旅游科学研究和人才培养更加符合产业发展需求,具有坚实的合作基础和十分广阔的合作前景。

(二)合作重点

第一,推进旅游管理部门与北京第二外国语学院等市属旅游院校,以共建专业性旅游大学、研究基地、产业创新中心、专项特色旅游研究中心等形式开展紧密合作。其中,院校机构主要针对旅游产业发展和行业管理需求,战略性布置研究方向、配置研究资源,开展基础理论与应用性基础研究;旅游管理部门主要针对产业和行业需求,提出重大研究方向和课题,并运用行业管理资源和网络优势进行成果的二次开发和示范推广,促进研究成果及时应用转化成为现实生产力。

第二,共同申报或组织一批重大科研专项。可遴选旅游与城市化建设、旅游与现代信息、旅游与生态环境、旅游与交通发展、旅游与现代服务业等方向的重大命题,以共同申报和开展重大旅游科技专项等形式,推动一批重大科技创新课题研究,产生一批能够直接转化为企业一线生产和运营服务的应用型科技成果,然后依托行业管理体系和示范推广网络进行应用性转化,能够为北京旅游业发展提供基础研究和现代科技支撑。

第三,尽快针对新业态和新需求合作研究、形成系列标准和示范工程。选择重点领域开展示范工程,如旅游节能减排示范工程、智慧旅游发展示范工程,搞一批示范城区、示范景区、示范村等。共同研究制定一些示范标准,如低碳旅游示范标准、旅游信息化标准等。

第四,鼓励多种形式的旅游研发创新。从行业管理和产业发展需求出发,通过科研项目评选、科研成果奖励等,鼓励开展北京市旅游发展需求的应用性研究,有效结合科技创新和实践需求。推动地方院校旅游专业和行业需求更加紧密结合,同时为培养技能型和实践型人才提供条件。鼓励全行业更加重视科技研发,支持企业自主研发,支持旅游咨询、规划策划设计、技术应用等智力型企业发展。

三、与国际社会合作发展

引进国际要素、走向国际市场、融入全球旅游经济体系,是北京成为世界一流旅游城市的必由之路。当前,应积极推进加强与全球重要旅游城市、旅游组织和国际学术界的合作,加快北京旅游业的国际化进程。

(一)合作原因

首先,总体而言,随着居民收入和消费能力的提高、出入境政策的进一步开放和2008年奥运会等国际性重大节事、赛事活动的开展,北京旅游业已经进入市场和服务双向国际化发展的战略阶段,在全球旅游市场一体化的新环境中亟须开展国际旅游合作。

其次,北京是国内最重要的出入境口岸城市和旅游枢纽城市,在建设世界城市、提升旅游业国际化水平的战略目标下,应进一步加强在国际市场,尤其是在国际旅游城市中的影响和地位,增强自身的话语权。

最后,要提高本地旅游企业国际竞争力、真正实现"走出去",必须与国际旅游组织、国际旅游研究机构建立合作,参与旅游业国际竞争规则的制定,研究我国旅游业的国际化发展战略、国际化旅游标准等,提高我国旅游企业发展和旅游服务的国际化水平,而北京市无疑应发挥旅游企业总部集聚、专业科教资源丰富的优势,率先走出第一步。

(二)合作重点

第一,深化与 ADS 国家重要城市的战略合作。争取实行开放、便利的出入境管理措施,尝试推进与 ADS 国家主要城市的出入境落地签证。与目的地国家城市协商互设旅游推介机构,重点是在日本、韩国、俄罗斯、美国、中国香港、中国台湾等国家和地区设立旅游推介分支机构。以优化发展环境为突破口提升合作层次,包括放宽市场准入,引进国外有实力的大型旅游企业,开展对外商投资旅行社经营中国公民出境旅游业务的试点,强化针对商务游客的设施建设与产品提供,重点是金融服务、旅行支付、旅游保险等软件产品。进一步扩大"中—俄文化周"、"中—法文化节"等节事活动的影响力,总结成功经验,尽快推广文化旅游类节事活动。

第二,创建世界旅游城市联合会并推进相关工作。北京是世界上重要的旅游客源地城市,也是著名的旅游目的地城市和拥有世界文化遗产最多的城市,创建总部永久设立在北京的世界旅游城市联合会,有助于推动国际旅游城市之间的合作与交流。创建世界旅游城市联合会,通过相关的论坛峰会、博览会和产品交易会等形式,给各个旅游城市提供一个形象与资源展示、旅游合作与交流的平台,推动会员城市间的交流合作,共享旅游业发展经验,探讨城市旅游发展问题,加强旅游市场合作开发,提升旅游业发展水平,促进世界旅游城市经济社会协调发展。目前相关的重点工作是制定全面、准确、客观的世界旅游城市评价指标体系,组织策划相关的宣传推广活动和人员培训等方面。

第三,积极参与国际旅游事务的处理和规则的制定。作为世界旅游大国的首府城市,致力于世界一流旅游城市的建设目标,北京应加强与世界旅游组织、国际标准化组织等国际组织的交流与合作,积极参与国际标准化组织的有关工作,不断提高旅游服务标准的国际化水平。广泛参与世界旅游组织、亚太旅游协会、国际旅游科学专家联合会、国际旅游科学研究院、国际旅游科学院、国际航空运输协会、国际旅馆协会以及世界旅行社联盟等国际旅游机构的活动,积极参与国际旅游事务规则的制定。

第四,与国际旅游研究机构合作开展相关研究。主要包括旅游企业国际化战略研究、国际旅游合作研究以及相关战略性配套研究等。

四、与媒体传播合作发展

旅游业是典型的形象产业,加强旅游管理与媒体机构的合作,有利于形成全社会了解旅游、热爱旅游从而支持旅游业发展的舆论和社会环境。

(一)合作原因

旅游与媒体的战略合作将扩大旅游企业、旅游行业的社会影响,同时也丰富了媒体内容,提高了媒体的生动性和吸引力,两者合作有着现实的基础和条件。

首先,旅游发展需要媒体传播的支持。尤其是旅游形象需要新闻、网络等各类媒体传播,无论是国家形象还是地区形象、城市形象甚或企业形象,都需要媒体进行传播和推广,尤其是旅游业作为典型的形象产业,各地区的地域旅游环境形象、各城市的旅游资源形象、各旅游企业的产品品牌形象能够获得潜在消费者的认知和认同,都离不开各类媒体的宣传推广。

其次,对旅游的宣传推广可以成为相关媒体的重要内容。随着经济社会的发展和我国居民收入的提高,旅游已经成为民众的主要生活消费形式,已经成为重要的健康生活方式,已经成为时尚潮流话题,引起全社会广泛关注。在这种环境中,增加对重大旅游发展决策、各层面旅游产业状况、重大旅游节事活动、节假日旅游消费、热点旅游区等方面的报道和宣传,有助于丰富媒体内容,提高媒体的生动性和生活化,提升市场竞争力和社会影响力。

(二)合作重点

第一,与主流媒体网站和大型门户网站开展合作。建立更紧密的合作关系,通过紧密合作充分发挥网络媒体的凝聚力量,为北京市旅游业的发展服务。网站充分发挥专业性和影响力,进一步增强报道的广度和深度,扩大报道的覆盖面;综合运用网络直播、互动报道、在线访谈和官方网页等多种宣传方式,对北京旅游部门所举办的活动、会议、论坛等进行报道,并积极探索联合开展网上征集、旅游调查、图文展示、特色主题报道等活动,建立双方负责人不定期会晤沟通协调机制,加强沟通协商。

第二,合作完善多样化的旅游传播推广网络。选择多类市场影响力较大的媒体搭建宣传平台,如与百度、谷歌等搜索引擎合作,与中国移动等终端信息媒体合作,与中央电视台、北京卫视、旅游卫视等电视媒体合作,与人民日报、光明日报、经济日报、《时尚》杂志等平面媒体合作,与城市地铁、公交车、出租车等公共交通资讯媒体合作等;此外,还可选择与国内外大型旅行商、大型旅游网络媒体、大型酒店景区等深度合作,充分挖掘利用行业内部传播资源,与市政、交通管理等深度合作,在城市公共空间、交通枢纽和人流集散地树立标志标牌、宣传广告等扩大受众范围。通过以上合作,逐渐建立全方位、广渠道、多层次的旅游宣传推广网络体系。

第三,合作建立有效的旅游宣传推广模式。逐步建立以媒体为基础,政府做形象、行业开渠道、企业推产品的多方、各级合作运作模式。与主流媒体合作提供宣传推广战略支持,包括开发公共信息传播服务系统、提供一般性咨询服务、搭建跨国或跨区域的宣传平台、进行北京旅游形象宣传等;地方旅游管理部门、行业协会主要与业内媒体合作,发挥倡导和协调功能,通过举办各类大型旅游节、推介会、旅游商品展示会、交易会、博览会等进行专业推广,开展旅游目的地的总体营销,为旅游交流与合作提供公共平台;旅游企业是市场宣传和产品推广的主体,应与各类媒体合作采用广告推介、活动推介、新闻发布、信息发布等方式进行宣传推广,扩大企业影响力。

第四,合作加强对重大旅游、文化等节事活动的报道和宣传。以重大节事节会的召开为契机,举办、参加国内外旅游博览会,举办旅游文化节,与国内外传媒建立有效的联系,吸引传媒人士参观访问,以各种形式进行推介宣传,在开拓旅游市场的同时,对北京经济社会发展成就、历史文化、自然风光等形象进行整体宣传。

参考文献

[1]国务院.关于加快发展旅游业的意见[Z].国发[2009]41号.
[2]中国新闻网.北京确定国际一流旅游城市发展目标[N]. http://www.chinanews.com/life/news/2010/05-27/2308894.shtml.

北京文化创意旅游发展问题与对策

王 欣[①]

一、北京发展文化创意旅游的条件与问题

文化创意旅游也称为创意旅游,是用创意产业的思维方式和发展模式整合旅游资源、创新旅游产品、锻造旅游产业链(厉无畏,2007)。20 世纪 90 年代以来,在体验经济成熟、知识经济发展、文化和创新得到全球重视的时代背景条件下,创意产业迅速发展起来(Pine B. J. ,Gilmore J. H. ,1999;Ray P. H. ,2000;Ray C. ,1998;Pine B. J. ,Gilmore J. H. ,1999)。旅游与创意产业结合成为文化创意旅游产业,其发展前景得到了英国、世界旅游组织、欧盟旅行委员会等的重视(Richards G. ,Wilson J. ,2006)。

北京是中国文化中心和世界文化名城,具有发展文化创意产业和旅游业的独特优势。目前北京市文化创意旅游发展基础较好的产品或业态主要包括五类:第一,社区型历史文化街区,如南锣鼓巷地区、什刹海地区等;第二,商业型历史文化街区,如前门—大栅栏地区、琉璃厂街区等;第三,艺术聚集区,如 798 艺术区、宋庄艺术区等;第四,传统特色演艺区,如天桥地区等;第五,影视产业聚集区,如怀柔杨宋镇(中影、星美)等。另外,中国动漫游戏城、中国乐谷、斋堂古村落古道文化旅游区、十三陵文化创意产业聚集区以及一批文艺演出机构等均具有发展文化创意旅游产业的特殊优势和巨大潜力。

国内外发展实践表明,文化创意旅游产业发展迅速、前景广阔,但也面临着文化和经济的双重风险,出现了过度投资、大量复制、恶性竞争、文化破坏等严重问题。北京发展文化创意旅游产业也亟须对这一新兴产业加强研究和引导,以制定有效的发展政策,促进产业可持续发展。

---

① 王欣,男,北京第二外国语学院副教授,研究方向旅游目的地管理与产业政策。

二、文化创意旅游发展研究综述

国内外研究总体涵盖了概念体系、基本特征、基本功能、发展模式和主要问题等方面。关于文化创意旅游产业的基本特征,国内外研究指出,文化创意旅游是文化创意产业在旅游领域的传承、延伸和重组,增强了旅游业的附加值,推动了旅游地的发展(Smith. M. ,2005)。基于上述融合特点,文化创意旅游具有较高的体验性、参与性、附加值和连带效应(冯学刚,2006;厉无畏,2007)。文化是创意旅游的基础,创意互动是其关键,同时它又有高流动性、依附性、不确定性等特征(周钧,冯学钢,2008;厉无畏,2006)。

关于文化创意旅游产业的发展机制,一是要素整合:文化创意旅游通过重组旅游要素实现产品的动态活化,形成一种"有智增长"模式,拓展了产业链,并且包含了以创新推动产业结构升级的思维(冯学刚,2006;厉无畏,2007)。二是参与式生产:将旅游活动看作一种文化生活方式,通过旅游者主动学习、提升和完善自我,激发潜能,实现个人价值(Prentice,2004;于光远,1981;原勃,2008)。游客身担创意消费者和创意生产者两职,是一种合作生产,游客在其中充分参与和体验创意(Richards G. ,Raymond C. ,2000;周钧,冯学刚,2008)。三是要素投入:它将文化视作一种发展资本要素(Throsby,1999;Pierre,1989;Richards,2003;薛晓源,2004),其生产跨越地域和产业边界(厉无畏,2007;蔡培卿,2008;杨颖,2008),要求快速创新(Prentice R. ,2003;姚宏,2005;李蕾蕾等,2005),政府在其中发挥着催化作用(李学鑫等,2010)。

关于文化创意旅游产业的发展模式,国外研究指出了四类:重大标志性或旗舰项目、大型事件活动、主题化产品以及遗产的开发(Richards G. ,Wilson J. ,2006)。国内学者关注了旅游创意园区的构建(郑斌,刘家明等,2008),以及发展动漫和影视、旅游纪念品、旅游节庆活动等模式(冯学刚,2006),并研究了地方发展实践(袁力等,2007;李勇,佟连军等,2008)和不同区域应采取的不同发展模式(金元浦,2010)。研究指出其发展的关键在于知识产权保护,应注意支持中小企业、加强行业管理(冯学刚,2006),同时聚集于大城市(李学鑫等,2010)的创意阶层的作用日趋重要(Florida R. ,2002;张京成,2006)。

关于文化创意旅游产业发展中存在的问题:主要是高附加值与高风险特征并存,其开创性、扩张性和投机性造成了很大的不确定性因素(厉无畏,2006),生产过程的不稳定性造成成本管理困难(李学鑫等,2010),区域发展不平衡和竞争导致严重损失(原勃,2008)。投入大,生产周期长,容易复制,克服流动性十分重要,另外还容易出现遗产过度开发等问题(Russo A. P.,2002;原勃,2008)。在产业实践过程中,我国的主题公园和实景演出类产品均出现了过度发展和恶性竞争等问题,造成了巨大的资金浪费和文化资源破坏,一些新上马的大投资项目引起了社会的广泛关注和质疑(诸葛艺婷,崔凤军,2005;崔凤军,2006;林艺,王佳,2004;缪开和,2005)。

三、主要问题与解决方向

(一)流动性问题与文化资本固化机制

流动性是文化创意旅游发展的核心问题之一。文化创意旅游产业高度依赖资本和创意因素,同时面向广阔的外部市场,又具有强烈的"人为创造"特征,而资本、人力(创意)和市场等要素又具有"流动"特征,因而造成了文化创意旅游产业的"流动性"问题。从国内文化创意旅游产业的发展实践来看,近年来出现的"印象系列"演出产品的大量复制移植以及主题公园投资风潮,以及北京的798艺术家群体向宋庄乃至更远的地区迁移都印证了这种流动性。

流动性问题给地方文化创意旅游的发展带来了巨大的困惑,它导致产品的大量移植、过度开发和无序竞争,带来资本和文化的双重风险。文化、资本、智力要素及其创造出的文化创意资本如何在一个地方固化下来成为产业可持续发展的关键。构建文化资本的固化机制应当从三个方面入手:一是强化文化资本根植性,即注意从地方背景文化中挖掘创意要素并加工成旅游产品,二是在开发过程中保持背景文化系统的有机发展,三是使新生成的文化要素有效反哺融入原有文化系统。通过以上三个方面的努力,使得地方背景文化系统的一部分转化为用以开发的"文化资本",文化资本与背景文化系统相"融合",并通过"存活着"的文化系统的有机生长而更新,开发产生的文化产品和要素的一部分再转化并融入地方背景文化系统,成为可投入再生产的资本要素。在上述"融合"、"转化"和"融入"过程中,实现地方文化资本的固化。

(二)保护与开发的矛盾及有机更新模式

文化创意旅游产业中,文化保护与旅游开发的矛盾更加突出。较一般的文化创意产业而言,文化创意旅游具有游客参与生产和个性化体验的特征,因而游客更加深入地介入文化系统,文化系统也需要为旅游活动附加设置相应的功能,这种"介入"和"附加"为文化系统破坏埋下了巨大的隐患,尤其当商业利益介入其中时,文化系统的完整性、真实性与可持续性便更加容易遭到破坏。北京前门、南锣鼓巷、南新仓等均为旅游活动进行了相应的环境、景观和功能的改造,不可避免地触动了原有文化系统。例如,原有社区结构的变化、老商户与居民联系的破坏、房租提高影响商户和居民生存进而改变商户和居民构成,等等。要保护地方文化系统,不能靠简单地禁止旅游开发,而是要控制开发的方式,掌握开发的"度"。对这样一个"度"的最核心的思想是保持文化系统的"存活",正如一个有机体,可以进行手术和整容,但不能破坏其要害部位,否则就可能造成"整容后变成另一个人"或者"出现生命危险"。保持文化系统的存活就是保证它的完整、真实和可持续,这种开发模式可称为有机更新模式。前门地区的景观环境改造对商户结构以及商户多年来建立的客户关系以及经营文化都造成了较大的扰动,这些文化要素的恢复较困难。而官园花鸟市场整体搬迁到紫竹院,虽经历了空间变换,但一些"看不见"的文化内容被保留了下来。以上提供了文化创意旅游开发中有机更新的正反示例。

四、文化创意旅游系统模型的构建与讨论

构建文化创意旅游系统模型的作用一是为明晰文化要素挖掘、生产、转化、融合的过程与环节,二是从系统环节中找出解决文化保护与旅游开发功能设置的矛盾的方案。

将文化创意产业生产系统和旅游系统(Gunn,2002;吴必虎,1998)模型相结合,构建如下图所示的文化创意旅游系统模型,使之成为同时符合两类产品生产消费过程规律的系统模型。

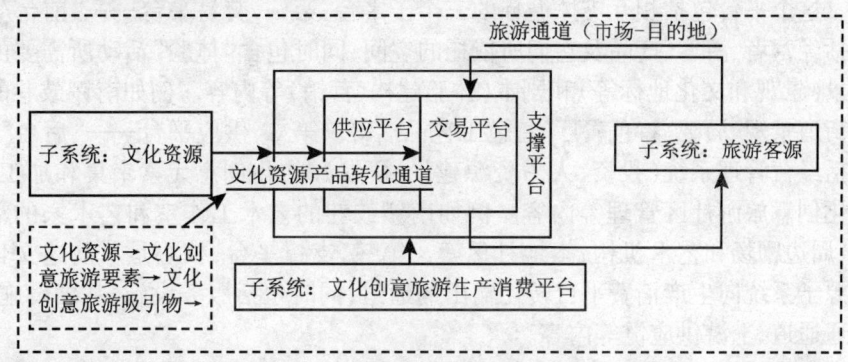

文化创意旅游系统模型

该系统模型包括文化资源、生产消费平台和市场三大子系统以及两大连接通道(旅游通道和文化资源产品转化通道)。从文化资源产品转化通道来看,在文化资源系统中,一部分地方文化资源被遴选挖掘出来成为文化创意旅游要素,这些要素的一部分具备成为文化创意旅游吸引物的条件,再被加工为文化创意旅游产品,进入生产消费平台被游客消费,产品又成为新产生的文化要素融入地方文化系统。从旅游通道来看,旅游客源地的游客进入文化创意旅游生产消费平台,消费的同时也参与生产,也就是在享用文化创意旅游产品的同时影响地方文化系统。三个子系统通过两大通道相互运动影响。

　　该系统模型的核心部分是文化创意旅游生产消费平台。由于旅游业的特点,它是生产与消费同时进行的,也是消费者异地消费、生产者本地生产的,这与一般文化创意产品如动漫、出版等显著不同。提出这个平台的意义包括：

　　第一,明确了旅游活动的范围是有限的,而不是在整个地方文化系统中无限制地活动。也就是说地方文化系统中仅有一部分被赋予旅游功能,增加了旅游设施,并向游客开放。正如家里的客厅一样,是允许客人进入和活动的空间;而卧室则一般不允许客人随意进入,否则会干扰主人的正常生活。

　　第二,这个平台又参照"舞台化理论"分为前后台和支撑平台。将旅游者的活动与文化系统既连接又区隔开来,使"游客深入参与体验"和"文化有机更新"以及"文化资本固化"同时成为可能。例如798和宋庄两个艺术聚集区内,游客近距离接触艺术生产活动,但又不能干扰破坏艺术生产活动(这种干扰包括旅游活动带来过度商业化、艺术庸俗化、抬高房租等广义内容),旅游活动又为地方注入文化资本要素(例如带来艺术工作所需资金、带来关注度和艺术家成功机会、旅游设施和景观甚至旅游文化成为新的地方文化内容)。

　　这个平台包括相互支撑循环的三个子平台：第一,交易平台——"前台",包括经营者、游客、产品及它们所依托的空间,同时包含"体验"活动所需要的场景(景观和文化地标等)和剧本(体验建构、营销)等内容。例如南锣鼓巷的主街道景观、酒吧、特色餐厅、特色工艺品店等。第二,供应平台——"后台",包括经营管理系统(投资、人力资源建设、研发)、文化创意元素聚集和加工、文化创意旅游社区管理等内容。例如南锣鼓巷的艺术工作室和艺术家的活动、周边剧场和艺术机构、本地社区等。第三,支撑平台,核心是从前述文化资源子系统向生产消费平台转化输出的通道,同时包括服务设施、基础设施、交通通道、上游供应链等内容。

　　交易、供应、支撑三个平台依次支撑,双向循环反馈。文化资源源源不断地转化为产品向市场输送,产品要素再向文化资源系统注入,持续内化、生

第一篇 旅游目的地研究

长、更新。平台为游客参与生产和体验提供空间载体。构建功能完整和有活力的文化创意旅游生产消费平台是产业可持续发展的保障。

处理好前后台的关系是一个关键问题:第一,前台的构建不能冲击后台。例如798和南锣鼓巷的环境改造和旅游活动发展都抬高了房租和其他生活成本,造成一些艺术和非物质文化遗产类的活动被迫迁出,同时加速社区居民迁出和主人置换,都会破坏地方文化。没有真正的艺术家,艺术聚集区就名不副实,失去价值依托。第二,要使后台有力地支撑前台。完全禁止游客进入后台也是不合理的。关键在于掌握好开发的度,使游客在可控的范围内近距离接触地方文化。

五、北京发展文化创意旅游的对策建议

(一)重点打造具有文化根植性的项目

从短期来看,引入西方的文化创意旅游项目(如上海的迪士尼项目)有利于提高北京的文化与服务行业的整体意识和水平以及整个城市的产品体验丰富度,满足游客和本地市民的消费需求。但是从长期来看,根植于北京和中国文化的项目更具有可持续发展的潜力,文化资本流失的风险相对较低。由北京市旅游发展委员会组织,根据北京地方文化系统的特征,可以重点遴选和打造一批文化创意旅游示范功能区。按照不同类型和分布特征可先期设置南锣鼓巷、前门—大栅栏、798、宋庄、天桥地区、斋堂6个市级文化创意旅游示范功能区。

(二)强化开发中的有机更新模式

根据前述前后台关系理论,把握好开发中的力度和方式。由北京市旅游发展委员会组织,对6个示范功能区的经营者、文化艺术生产者、社区居民和游客进行每年一度的满意度和威胁调研,对前后台关系失衡的地方,会同相关单位进行纠偏。主要措施包括设置自助游引导系统、提供游客深入社区的机会并进行严格限制以及局部地区限制晚间音量、光污染、空气污染(烧烤)、庸俗化元素(文化歧视性、自卑性、表现虚假的文化产品)、不合宜文化元素(西式快餐、外地小吃等)。

(三)保护文化系统中的脆弱要素

例如南锣鼓巷地区原有的一些非物质文化遗产类的工艺品生产和销售,以及一些艺术家和艺术机构均是地方文化的重要支撑,也为酒吧、商店等其他商家提供了文化品位的支撑,抬高了地方文化品位和价值。但单纯的文化

活动往往经济效益不乐观,不断上升的房租和生活成本将逼迫它们离开,最终反过来降低区域的文化品位和价值。由北京市旅游发展委员会组织,在6个文化创意旅游示范功能区中,遴选一批文化艺术和非物质文化遗产保护对象,建立档案,近期每年给予相当于至少房租价值一半的现金支持。另外,设置业态进入门槛,禁止低俗业态(盗版音像、出版物和艺术品以及小吃、烧烤)进入示范区。

(四)促进文化资本固化

高度注意文化创意资本的流动性问题,积极培育本地创意阶层,有计划地保护和支持非物质文化遗产传承人,支持示范区中民间文化艺术机构的活动,在新建项目、景观打造、环境更新等方面注意北京文化和地方特色文化的传承体现,促进创意阶层和经营业者融入本地社区。通过建立社区自治管理平台,直接分配项目发展红利(通过就业分享利益在北京是不现实和不公平的),稳定社区居民结构,协调社区内、社区与游客、社区与经营者的矛盾。建立文化发展指导制度,请有影响力的文化学者参与区域文化建设,指导文化创意旅游项目向着本地文化有机更新的低风险方向发展。

参考文献

[1] 英国创意产业特别工作小组(Creative Industrial Task Force). 英国创意产业路径文件,1998.

[2] PINE B. J. , GILMORE J. H. . The Experience Economy. Boston:Harvard University Press,1999.

[3] RICHARDS G. , RAYMOND C. . Creative Tourism. ATLAS news,2000(23):16—20.

[4] GREY RICHARDS. Developing creativity in tourist experiences:A solution to the serial reproduction of culture? Tourism Management,2006,27(6):1209—1223.

[5] RICHARDS G. , Wilson. J. Tourism, Creativity and Development. London:Routledge,2007.

[6] 厉无畏. 创意产业导论. 上海:学林出版社,2006

[7] 冯学钢,于秋阳. 论旅游创意产业的发展前景与对策. 旅游学刊,2006(21):12,13,16.

[8] 金元浦. 我国文化创意产业发展的三个阶梯与三种模式. 中国地质大学学报(社科版),2010(10)1:20—24.

[9] 周钧,冯学刚. 创意旅游及其特征研究. 桂林旅游高等专科学校学报,2008,3(19):394—397.

散客时代的北京自由行产品开发研究

李 宏[①]

一、前言

20世纪60年代以来,廉价团体旅游和包价旅游成为旅行社业务模式发展中的重大突破,它极大地促进了"大众旅游"的发展,对旅游的普及与发展功不可没。在随后日益崇尚自我的时代,包价旅游的程式化使得人们不再满足于这种出游方式,越来越多的人开始选择自助旅游(Independent Travel),充分实现自己的个性需求,寻求与众不同的旅游体验。[②]

受到这类国际自助旅游者的影响,20世纪90年代左右,一些国内的旅游者,尤其是在东部大城市,顺着这些外国背包客的足迹开始了自己的自由旅行。同时,随着人们经济条件的日益改善,人们对休闲的需求日盛,一些人也具备了一定的旅行经验,这些无疑都对中国的自助旅游的发展提供了客观条件。进入21世纪后,相对"团队游"形式而言的"散客游"加速发展,逐渐普及到全国大中小城市并最终取代旅行社团队旅游成为我国旅游市场的主体,旅游市场正逐步进入"散客时代"。据权威统计显示,中国游客团队游数量已由1989年的70%下降至目前的30%,2009年我国散客旅游比例达到70%左右[③]。

随着散客时代的到来,自由行应运而生。联合国世界旅游组织专家徐泛认为,当国民的家庭收入提高到一定阶段,人们的旅游速度就会放慢,更倾向于自由、休闲、深度的旅游方式,于是自助游、背包游、自驾游等就会受到游客的青睐。在游客的印象中,崇尚自助游的背包客与旅行社的团队游向来都是

[①] 李宏,女,北京第二外国语学院旅游管理学院副教授。
[②] 应长天,周密.行天下——携程十年1999—2009.上海:学林出版社,2010.
[③] 环球旅讯.散客时代来临旅行社何去何从.http://www.traveldaily.cn.2010年9月28日.

对立的两种旅游方式。背包客的优点是自由,团队游的优点是省心,那么介于背包客与团队游之间的自由行无异于综合了背包客和团队游的两种优势,为游客们提供更多样化、个性化的产品和服务。就当前国内市场来说,香港是自由行产品开发相对成熟的城市,此外三亚、丽江等地也成为热门自由行目的地,各地自由行正积极开展起来。

本研究报告在探讨了自由行概念、特征以及产品类型后,总结了北京自由行产品的现状并据此提出北京自由行产品未来发展的建议。

二、研究基础

体验经济是在社会高度发达后而产生的一种新的经济形态。在体验经济时代,顾客每一次购买的产品或服务在本质上不仅仅是实实在在的商品或服务,而且是一种感觉,一种情绪上、体力上、智力上甚至精神上的体验。旅游是一种天然的体验经济,它作为人们求新、求异、求奇、求美、求知的一种重要途径,本身就是一种体验经济[1]。就目前我国旅游消费者来说,总体上对体验的需求程度在不断提高,尤其是经济发达地区的旅游消费者,他们不再满足于走马观花式的浏览景区景点,而是更注重旅游的自身体验。体验式旅游在西方发达国家已经出现,诸多体验式旅游产品吸引着大批游客,例如美国洛杉矶的"科幻餐厅"、澳洲体验游学等,而在中国目前体验式旅游还处于酝酿之中。

与传统观光旅游相比,我国体验式旅游市场研究还存在很大的空白,开发理念和思路还不成熟,但是我们应该看到,随着体验经济浪潮的到来,体验式旅游必定将成为中国旅游业发展的新模式[2]。体验经济下对于旅游产品的组织和设计要求将更加别具匠心,增强产品的竞争力,提升产品的生存空间。体验经济下旅游产品设计开发遵循的原则是以满足旅游消费者的欲望、注重旅游个体的心理需求为主要目标。因此,在产品的开发设计中强调差异化、个性化、人性化。而传统旅游目的地的旅游产品大多面临着一个同样的问题:产品老化,内容单一,主题重复,缺乏变化。虽然旅游资源品位很高,其中不乏世界级的精品资源,但是资源的高级性与开发的初级性构成一对尖锐的

---

[1] 郭宏杰. 基于体验经济的旅游产品创新初探. 中国商贸,2010(2).
[2] 郑海燕. 体验经济模式下旅游业发展研究. 内蒙古科技与经济,2008(22).

矛盾①。而自由行产品的出现则恰到好处地弱化了这一矛盾,满足了体验经济下旅游者追求自主、张扬个性的精神诉求。

旅游者通过购买这种类型的旅游产品彰显个性,追求与众不同的感觉,强调旅游过程中的体验内涵。这就是体验经济时代对于产品设计理念的转化。从满足消费者需要到满足消费者欲望和增加消费者体验,从消费者的心理特征出发,按照他们的生活方式、行为模式和情感需求来设计产品,更加注重消费者的精神需求和主观感受。从旅游者的角度来考虑问题,一切活动以最大限度地满足旅游者需要为前提,这是构成旅游者良好体验的重要因素。旅游企业注重产品与旅游者之间的互动和参与,通过无微不至的服务,满足旅游者内心的需要,通过这种方式,密切旅游产品、旅游企业与消费者的关系,建立彼此间的情感联系与牢固的游客忠诚度,大大增强了产品的竞争力。在今后旅游产品创新开发的过程中,自由行产品必将占有举足轻重的位置。因此,对于散客游趋势下的北京自由行产品开发现状及建议的研究也就有了深刻的理论研究基础。

三、北京自由行产品开发的现状及其问题

(一)自由行概念界定

1. 自由行概念

目前,"自由行"缺乏统一、明确的概念界定。笔者通过阅读相关研究文献及业界文章表述,将现有对自由行的概念界定做如下汇总:

表1 关于自由行概念的界定

学界定义	
姓　名	内　容
肖潜辉(2010)	自由行是介于跟团游和自助游之间的旅游方式,它将中介服务和自由旅行结合起来,兼具跟团游价格较低、旅行便利和自助游自由随心的特点。简言之,自由行是借助单项旅行中介服务的一种非跟团自由旅行方式
唐煜、何碧金(2010)	自由行是指游客到达目的地后,不受旅行社行程的限制,没有导游,完全是游客自由地参观旅行

---

① 崔凤军,王学峰. 旅游产品创新的基本问题探析. 山东师范大学学报(自然科学版),2002,17(4).

续表

学界定义	
姓　名	内　容
陈名嘉(2008)	自由行是介于参团游与自助游之间，其特点是旅行社只负责交通和住宿等环节，而游览行程、餐饮等全由游客自己安排
陈碧松(2010)	自由行是一种以度假和休闲为主要目的的自助旅游形式，产品以机票、酒店及签证为核心，俗称"机加酒"
王煜琴(2010)	自由行是一种新兴的旅游形式，是一种随心所欲、自由自在、轻松快乐、无所羁绊、很少或者完全不受他人干扰约束的旅游形式。自由行客人自主性强，大部分或者全部的旅游过程由自己控制
邹积瑛(2005)	"自由行"顾名思义即"酒店+机票"式的自助旅游产品，你不必跟着旅游团队走，但却可以利用旅行社多年经营起来的吃、住、行的网络，既可以省好多心，而且和散客相比，还能拿到比门市价优惠许多的折扣。由于自由行可以自由安排时间和行程，"后勤问题"完全由旅行社为你打理。一两个人的散客即可发团
业界定义	
携程网	作为一种时尚的旅游方式，携程自由行可以表述为：以"张扬个性，亲近自然，放松身心"为目标，完全自主选择和安排旅游活动，且没有全程导游陪同的一种旅游方式
遨游网	自由行是只向旅游者提供大交通(如机票、火车票、船票)加上酒店预订等单项业务或几项业务组合的委托服务
芒果网	以酒店+交通+个性化可选服务为核心，旅游者可自由选择希望游览的景点、入住的酒店、出行的日期以及其他可选配的附加服务，无导游随行，饮食也由旅游者自行安排。分为固定行程天数或可延住产品

资料来源：笔者总结

综上所述，本文将自由行的概念定义为：旅游者通过旅行社或在线旅游运营商预订交通（包括机票、火车票、汽车票、船票）、住宿、娱乐等单项服务或几项活动的组合服务，而游览行程由旅游者自行设计，旅行社和在线旅游运营商可以对旅游者的旅游线路给予适当建议，但无强制性安排。

第一篇 旅游目的地研究

2. 自由行特征

自由行游客在旅游中追求自主、张扬个性，其所受拘束较少，更多地需要旅游者自己安排行程和旅游内容，因此自由行产品对于旅游者的素质要求较高，并且对目的地的旅游设施完善程度也有一定要求。因此自由行产品一般具有以下特征：

(1) 旅游者对旅行社依赖程度低

与传统的参团游不同，自由行产品并没有完全涵盖旅游相关的"食、住、行、游、购、娱"六大方面，而是仅仅提供单项服务或几项活动的组合服务。其中最常见的就是"交通"、"住宿"和"景点门票"这三项业务的单项或组合服务。旅行社与游客之间的互动一般仅存在于服务预订这一环节，而游客乘交通工具离开客源地和到达目的地的旅游活动，以及最后旅游结束返回客源地，这整个行程都不受旅行社的制约，游客自行安排，往往没有导游跟随。有一些较为特殊的自由行产品，会要求游客出发和返还时跟团，但游客在目的地的旅游活动完全自由。

(2) 旅游者自身素质较高并具有一定经济实力

没有了专业人员的线路设计，也没有了导游的活动安排和陪同讲解，这就需要游客对于目的地有一定的了解，并且具备足够的生活常识和旅游经验。自由行旅游者在出行前要做好充分的准备：了解目的地的旅游资源、文化风俗，设计旅游线路，选择交通工具，预订酒店，制订行程计划等。在旅游的过程中要执行行程计划，应对各种突发状况。因此，自由行的旅游者往往自身素质较高。

虽然自由行产品同样是通过旅行社或在线旅游运营商预订，可以享受到与跟团游在机票、酒店和景点门票上相同的折扣，但是往往自由行的机票、酒店、门票以及其他旅游费用加在一起，要比跟团游的包价旅游产品贵。因为自由行产品没有了购物点，所以旅行社给予游客的折扣变低，价格较贵。除此之外，自由行游客还要自己应对各种突发状况，因此与跟团游相比，自由行游客还需具备一定的经济实力。

(3) 目的地旅游开发程度较高

市场上自由行产品的目的地选择范围较小，往往是旅游热点城市和景区，其可进入性强，交通条件便利，并且目的地的基础设施比较齐全，景点开发程度较高。这样的目的地有着多年的旅游接待经验，知名度高，游客易于获取目的地的旅游信息，因此适合没有专业人员陪同的自由行游客。

3. 自由行与自助游、半自助游的区别

无论是学术界还是实业界，自由行都是一个新兴的概念，是为了满足市场需求而逐渐兴起的旅游形式。但是自由行产品问世以来,由于其概念的不确定,经常会出现混淆使用的情况。与自由行最为类似的概念有自助游、半自助游等。这些类别的旅游产品都打破了传统参团游的特点,在不同程度上降低了旅游者对旅行社的依赖性,属于较新的旅游形式。为了明确自由行的概念,本报告将自由行、自助游、半自助游的概念区别如下:

自助游是指完全由游客自己安排旅游过程中的"食、住、行、游、购、娱",游客不与旅行社或在线旅游运营商产生任何经济关系。半自助游与自助游相比,游客对旅行社或在线旅游运营商的依赖性相对较高,它是介于参团游和自助游之间的旅游方式,旅游者可以通过旅行社或在线旅游运营商预订交通、住宿和娱乐等活动的单项服务或组合服务。因此,本报告认为半自助游与自由行为相同的概念。

4. 国内自由行产品分类

随着自由行市场的不断发展,自由行产品的类型也在日渐丰富。

目前学界与业界对自由行产品的分类大致有以下几种:

表2 国内现有自由行产品分类情况

名 称	分 类
陈名嘉(2008)	将自由行分为准自由行和自由行,准自由行是指游客跟随旅行团一同登上飞机,到达目的地后,脱离大部队,自由行动,直到回程的那天,重新收编进团队,一同乘飞机回来;自由行是指游客按照自己的计划到旅行社或者电子网络预订机票、酒店
王煜琴(2010)	根据游客对旅行社的依赖程度将自由行分为3种类型:常规自由行、非常规自由行和完全自由行。常规自由行客人对旅行社依赖程度较高,这类客人选择的产品是旅行社根据旅游客源市场整体需求而主动设计开发的自由行旅游产品;非常规自由行客人虽然也需要旅行社提供服务,但是旅行社所服务的内容是由客人主动提出的;完全自由行是指客人外出旅游时,完全由自己安排旅游活动的所有事宜,客人跟旅行社之间不产生任何旅游费用关系
肖潜辉(2010)	我国旅行社当前正在开展的自由行业务大多具有半自由行特点,其经典方式是绑定出发时间的机票+酒店+X(游客自选:景点、租车、一日游、机场接送等),或者有较多自由活动时间的跟团游,比如5日厦门游(含3日游自由活动)等

资料来源:笔者总结

在前人研究的基础之上,结合市场上旅行社和在线旅游运营商提供的自由行产品的特征,本文将自由行产品作如下较为细致的分类:

(1)"酒店"+"大交通"

这是最传统的自由行产品,这类产品包括飞机、高铁、普通铁路等多种交通工具和不同条件住宿的产品组合。

(2)"酒店"+"大交通"+"门票"

在传统的"酒店"+"大交通"产品之上,提供景点门票或其他娱乐项目的门票等。

(3)"酒店"+"大交通"+"附加服务"

除传统的"酒店"+"大交通"产品之外,提供接机、租车等附加服务。

(4)"酒店"+"门票"

前三类自由行产品基本建立在长线游的前提下,随着人们生活水平的提高,有车一族的数量也在急剧增长,因此以自驾方式为主的短线游在自由行产品中的消费份额日益增长。短线游的自由行产品主要以"酒店"+"门票"为组合方式。产品内容以提供酒店住宿为基础,以提供附近景点门票、休闲娱乐项目(包括温泉、采摘等活动)门票为核心。

(5)除上述外的单项旅游服务

除酒店、门票、大交通外,一些产品供应商还提供以专属导游、租车等单项服务为内容的自由行产品。

此外,如春秋国旅的肖潜辉总经理所说,目前市面上提供的满足散客需要的产品中,有较多自由活动时间的跟团游占有很大一部分。但依据本文所做定义,该类型不属于严格意义上的自由行产品,故仅在此略述。

(二)北京自由行产品现状

最早对散客潮带来的旅游市场变化和重要旅游商机做出反应的,不是专事旅游的企业,而是互联网创业者。台湾雄狮集团副总经理陈碧松认为自由行的兴起,很大程度上依托于互联网这一平台。因资讯量大、信息更新快捷、交流方便等诸多优点,网络成就了自由行的快速发展。而搭建旅游电子商务平台,对传统旅行社而言,无疑是极大的挑战。① 据艾瑞网对 2010 年第 3 季度的统计,"携程"旅行网占据了中国旅行预订第三方在线代理商营收份额的 51.2%,"艺龙"则占有 8.6%。

以北京为目的地的自由行产品供应商也多以"携程"、"驴妈妈"、"悠哉"、"去哪儿"等在线旅游运营商为主。2012 年 3 月末至 4 月初,通过百度搜索"北京自由行",筛选出链接排名靠前的十几个旅游在线运营网站,具体名

---

① 王瑞.自由行,挑战的不仅是传统经营模式.中国旅游报,2010-9-27(010).

称如表3所示(排序随意)。

表3 "北京自由行"搜索排名靠前的网站列表

序号	名称	序号	名称
1	"途牛"旅游网	2	中旅总社
3	"乐途"旅游网	4	"悠哉"网
5	"游多多"	6	国旅在线
7	"春秋"旅游网	8	"驴妈妈"
9	"去哪儿"	10	"金度旅游"
11	"遨游"网	12	"携程"
13	"艺龙"	14	"芒果"
15	南湖国旅	16	康辉

资料来源：笔者总结

从搜索结果来看，结合本文对自由行的定义，筛选过后将目前北京自由行产品基本分为以下几种形式(摘取符合本文所指自由行定义的产品)：

表4 主要网站的北京自由行产品情况

类别	网站产品内容
机票+酒店	"携程"：上海—北京。以侧重酒店选择为主，可分为以酒店星级为名称的自由行产品，所指定星级有多个同星级酒店可供选择；以酒店类型为名称的自由行产品，包括精品酒店、经济型酒店、北京四合院以及携程旗下星程酒店4个主要类别。此外，还有侧重机票选择为主，属早订优惠系列，目前只有一个产品，早订提供东航特价机位。当然，早订优惠还包括其他自由行产品。可延住行程天数2~15天。深圳、广州产品基本一致 "芒果"：深圳—北京。机票+酒店模式产品只有一个，即深航专辑。费用仅包含深圳—北京去程机票及税费，指定酒店1晚住宿费，可延住。建议购买意外险 "乐途"：上海—北京，2个自由行产品，均为东航+可选星级酒店；深圳—北京，1个自由行产品，北京特色四合院自由行，四合院不可选，往返机票不含税费，深圳市区到机场有接送，意外险提示购买，行程天数4~5天 "悠哉"：上海—北京，指定酒店+双飞机票，机票含税费，意外险建议购买，行程天数固定为5天4夜。行程安排上会推荐每天游览线路 "金度旅游"：上海—北京，双飞+酒店(二选一)，行程有推荐一日游线路，提供免费接机服务，另提供单租车、单租导游、单独设计旅游线路服务。此外有自由行产品的城市还有南京与杭州，基本与上海产品无差别 国青、国旅：上海—北京，5日游，双飞+酒店，酒店分为经济快捷及三星或四星，行程安排上可参团、可自由安排

续表

类别	网站产品内容
高铁/动车+酒店 高铁&飞机+酒店	该组合主要集中在进京高铁/动车可达的城市比如长三角城市(上海、杭州、南京)
门票+酒店	"驴妈妈"(搜索自游自在北京)28个产品,主要集中在郊区,包括度假村、温泉、长城、农场采摘、海底世界、景区通票,其中又以温泉为多。产品费用不包含交通,一般以自驾为前提 "携程":天津—北京55个自由行产品,北京一地53个,其他2个。属于自由行的产品,也标上了周边游,如昌平九华山庄温泉养生超值套餐2日自驾游,产品费用提示至少包含入住九华山庄一晚的房费,其他以实际情况为主 北京—北京62个产品,北京一地59个,其他3个,除天津—北京的产品外,有巴士自由行,全程旅游专线巴士及随车陪同人员服务费、住宿费、首道门票费用、民俗餐费 "去哪儿":北京—北京17个产品,2个代理商,除"驴妈妈"外,剩余产品属于"去哪儿"团购,而产品内容为酒店+酒店休闲项目、酒店+景点门票、温泉、度假村、别墅。行程天数多为2天1夜。不含交通费用 "芒果":北京—北京自由行栏下11个产品,其中租车有2个,而其他9个属于参团游

资料来源:笔者总结

注:机+酒栏目没有说明"去哪儿"网的自由行产品,因为它是一个垂直搜索引擎,通过查找其所提供的所有旅游出发城市到达北京目的地的自由行产品发现,"去哪儿"网站有自由行产品的城市为南京、上海、杭州、宁波、苏州、深圳以及北京。而除北京—北京的线路有"去哪儿"团购的自由行产品外,其他自由行产品的代理商有"驴妈妈"、"悠哉"、国青、国旅、杭州国际旅行社。表4中介绍直接以介绍这些供应商产品为内容。

从上述搜索情况来看,按照客源地与目的地间的距离,北京自由行产品可分为两大类:

1. 酒店+旅游大交通+X

该类组合方式以客源地与北京的长远距离为前提。所谓大交通,包括双飞、高铁去飞机返、飞机去高铁返、动卧去飞机返、飞机去动卧返、高铁/动卧往返7种类别,而高铁/动车的客源地基本集中在长三角城市,包括上海、杭州、南京等。

该类自由行产品多以酒店为命名标准,目前多以酒店星级区分,包括豪华五星、五星、四星、三星、经济型酒店、精品酒店等,各类别皆提供2个以上同类别酒店进行选择;此外还有指定四合院、指定酒店的产品。同样,有以大交通为名称的产品,包括深航专辑、东航特价机位、高铁/动卧等,但数量甚少。

产品费用上,机票存在含税费与不含税费的差别,基本对儿童实行另外标价注释;产品服务上存在接机(站)与否以及提供单项租车、单租导游、单独设计旅游线路等其他可供选择服务与否等差别;保险要求上基本为建议购买产品供应商的旅游意外险;行程天数上整个变动区间为2~15日,而又以"携程"的可延住天数为最长,多数产品为4~5天的行程。

此外,有些产品供应商在行程内容上提供自己任意安排活动及建议可报一日游团队产品;有些产品供应商会提供建议自助游线路,如老胡同游等,但提供该种线路设计的很少。

需要注意的一点是,在搜索过程中发现,各网站所归入自由行栏目的产品,并不全属于本文所界定的严格意义上的自由行产品。以5天4晚北京游为例,"乐途"旅游网深圳—北京的自由行产品中,包含了以机+酒为组合的,1天跟团、4天自由活动的产品,而3~4天跟团、1~2天自由活动的半自助游的产品在其他网站大有存在。此外,"芒果网"将其租车的两项产品归入到了其自由行产品中。

长距离的自由行产品以"携程"为最多。

2. 酒店+门票

该类组合方式以客源地与北京的短距离为前提。从搜索来看,主要为天津—北京以及北京—北京两个出发地与目的地的组合。

该类自由行产品多以活动内容为命名标准,目前产品多集中在度假村、温泉、长城、农场采摘、海底世界、别墅、古村落等,其中又以温泉为最多,多属周边游、自驾游。产品费用主要包括酒店+酒店内休闲娱乐项目、酒店+景区门票等,基本不包括交通费用。行程天数基本为2天1夜。

短距离的自由行产品依旧是"携程"的最多,其次为"驴妈妈"。

总的来说,目前北京自由行产品,长距离的客源地基本仅限于长三角城市,短距离以周边与自驾游为主。自由行产品并不多,北京丰富的旅游资源并没有得到开发。

(三)北京市自由行产品开发改进建议

从上述产品现状来看,以北京为目的地的自由行产品存在以下问题:

首先从长线"酒店"+"大交通"+X的自由行产品组合方式来看,产品命名缺乏新意。以"携程""上海到北京"的23个自由行产品名称为例:五星豪华特卖·北京4日自由行、四星高档特卖·北京4日自由行、早订惠·北京4

日自由行、北京国贸饭店4日自由行、高铁游·北京3~15日自由行……产品名称以交通方式与行程天数结合为名称,虽方便游客做产品搜索,但很难看出各产品特色。

其次,长线旅游的自由行产品内容很少提供线路参考,从游客需求满足来说,尚有欠缺。

再者,就短线旅游来看,产品内容多以娱乐休闲项目为主,缺少深度游、体验游产品。就北京极为丰富的旅游资源来说,其开发深度有待加深。

此外,针对北京的个性化、定制化自由行产品服务较少。从自由行发展趋势来看,个性化、定制化产品服务需求日益增长,游客提供想去的目的地、想游览的景点、出发时间等信息,旅游服务供应商为其制订相应的旅游计划已不再是新鲜事。

而从国内外自由行暴露的一些问题来看,购买自由行产品的游客与旅行社所签合同中关于双方权利、义务关系的界定不清,缺乏规范合同,无法保障游客与旅行社的权益;通过自由行而进行的某些户外探险活动,由于没有购买意外险,游客生命财产安全遭受损失的案例也不少见。

针对上述问题,笔者认为北京的自由行产品开发可在以下方面做出改进:

从旅行社或在线旅游运营商角度来说,深度挖掘北京旅游资源,开发设计多样化的休闲娱乐项目,以丰富产品内容;在产品内容展示方面,更为细致考虑游客需求,提供符合行程安排的线路建议,包括对个性化、定制化服务的主动提供,对旅游意外险购买的积极倡导;设计更具有特色与吸引力的产品名称,充分展现北京特色与魅力。

从行业角度与游客角度来说,需要政府、旅游行政管理部门加快推进关于自由行的规范化旅游合同的制定,国家旅游局副局长张希钦曾就出境自由行发生的案例表示,国家旅游局下一步将完善旅游合同中针对自由行的部分,以保障游客和旅行社双方的合法权利。而游客本身在购买自由行产品时,应提高风险安全意识,积极购买旅游意外险。

四、小结

尽管目前来看,"机票+酒店"是北京,甚至全国最为典型的"自由行"模式,但是随着自由行的进一步发展,以及旅游者对休闲体验需求的进一步增长,自由行产品必将更为多样化,也更为完善。

参考文献

[1] 应长天,周密. 行天下——携程十年 1999—2009. 上海:学林出版社,2010:105.

[2] 环球旅讯. 散客时代来临旅行社何去何从. http://www.traveldaily.cn. 2010 年 9 月 28 日.

[3] 郭宏杰. 基于体验经济的旅游产品创新初探. 中国商贸,2010(2):126-127.

[4] 郑海燕. 体验经济模式下旅游业发展研究. 内蒙古科技与经济,2008(22):47-48.

[5] 崔凤军,王学峰. 旅游产品创新的基本问题探析. 山东师范大学学报(自然科学版),2002,17(4):58-61.

[6] 王瑞. 自由行,挑战的不仅是传统经营模式. 中国旅游报,2010-09-27(010).

[7] 唐煜,何碧君. 传统旅行社如何应对自由行的冲击. 知识经济,2010(20):92-93.

[8] 陈名嘉. "自由行"旅游方式的兴起和发展. 科技信息,2008(30):499-500.

[9] 遨游网. http://www.aoyou.com.

[10] 王煜琴. "自由行"新说(上). 中国旅游报,2010-03-05(011).

[11] 肖潜辉. 散客时代给旅行社带来的挑战. 2011 年中国旅游发展分析与预测《旅游绿皮书 No.10》):236-241.

[12] 黎彦,徐文潇. 自由行兴起旅行社应对有招. 中国旅游报,2012-01-30(010).

基于希摩尔模型的古镇旅游决策影响因素研究

古镇旅游研究课题组[①]

一、引言

随着古镇旅游热潮的掀起,越来越多的城市居民开始选择古镇旅游,但也有不少消费者向往但未曾到过古镇进行旅游活动,本研究将针对城市消费者进行社会调查,搜集他们关于古镇旅游的一些看法。通过对旅游动机理论和希摩尔决策模型的应用,提出古镇旅游决策的影响机制假设,对搜集的数据进行统计分析,来验证古镇旅游决策的影响机制模型。除此之外,将对部分热点古镇用知觉图加以描述,为古镇目的地在市场中寻找定位给予相应指导。

该研究的理论价值在于将希摩尔旅游决策模型应用于古镇旅游,并结合旅游动机理论,建立能够经得起实践验证的古镇旅游决策的影响因素关系模型,探讨出外部刺激、外部变量、目的地特征三个变量对古镇旅游决策的内在影响机制,为古镇旅游这一新兴旅游形式提供可持续发展的理论指引。

该研究的实践价值在于,通过统计分析得出对古镇旅游决策影响程度较大的因素,为古镇目的地的营销和发展提供指导,并以知觉图工具向古镇旅游市场展示热点古镇在消费者心目中的定位,为古镇旅游的发展作出贡献。

二、文献综述及问题的提出

1. 国内研究现状

1.1 从旅游者角度对古镇旅游的研究

纵览近年来关于古镇旅游的文献,多数从古镇的资源开发、产品设计、空

[①] 古镇旅游研究课题组:成员包括北京第二外国语学院旅游管理学院吕勤、朱海香、尹晶莹、连子、纪冉、黄敏。

间规划、遗产保护等角度进行研究。也有研究者从旅游者的角度去分析,他们大都以某个古镇或某地区的古镇为研究对象。

张安民(2009)南浔古镇游客满意度前因研究表明,游客感知和游客期望是游客满意度最直接的前因,而游览价值对游客满意度影响较小[1]。游览价值预期在古镇旅游决策中的影响作用有待考察。刘莉、陆林(2006)对古镇旅游者旅游感知的调查分析[2]和葛军莲(2007)对古镇旅游商业感知的研究[3]也说明了商业氛围等旅游感知对游客有着重要影响。

宋玉蓉(2008)在对古镇游客行为特征的分析中得出,古镇客源多来自周边市民,出行时间多为周末小假期,文化氛围和交通是影响游客满意度的最大问题,同时文化和景观的差异、体验性产品的开发有助于提升古镇的竞争力[4]。商业气息太重、景区建设不足、各种关系处理不好是古镇旅游发展中经常存在的问题(陈运旗,2007)[5],这些因素也将成为旅游者选择古镇目的地时考虑的方面。

随着经济发展水平和收入水平的提高,人们的出行能力有所增强,距离门槛在很大程度上已被突破(郭彩霞,2007)[6],今后的研究可以对此进行逐步验证。这位研究者使用因子分析法,把古镇旅游客源市场的推、拉力影响因子分别归为7个、4个公共因子,这11个因子对古镇旅游客源市场的影响程度更大,是对达恩驱动因子理论很好的应用。

1.2 旅游决策及影响因素研究

中国改革开放以来旅游业一直保持强劲的增长势头,但旅游产品结构老化、旅游者满意度不高、重游率低等问题也阻碍了旅游产业升级,必须从旅游者的决策行为入手,充分认识和理解旅游需求的变化规律,按照旅游者决策的行为规律来安排和布局旅游产品结构(郭亚军,2010)[7];而要研究旅游决策的行为规律则需要从影响因素方面着手分析。

情境变量如交通方便性或即时交通、营销活动、旅伴或亲朋影响、景区服务、突发性事件、出游前状态以及景区拥挤程度,对旅游决策有显著影响;控制变量如性别、年龄、教育程度以及客源地与情境变量无交叉影响(杨亮,2009)[8]。景区服务管理、目的地社会状况、信息感知、个人社会经济条件、态度感知5个维度因素对城区居民旅游决策的影响较为显著(秦俊丽,2009)[9]。

目的地因素在游客选择外出旅游地时起着重要作用,主要包括价格、时间、服务水平、设施、天气、交通、旅游景点等因素(张莉,刘新平,2008)[10]。从游客实际感知角度研究旅游气候对旅游决策的影响颇为重要(刘宏盈等,2008)[11]。

自助旅游与互联网的结合促成了旅游业中一种新的信息渠道甚至社交平台——旅游虚拟社区的兴起。不同的动机因素影响着旅游虚拟社区的不同成员行为,社区成员的行为对消费者的旅游决策有着一定的影响作用(郭俊俊,2008)[12]。

旅游者感知到客观事物,在头脑中和其他印象一起被组织成具有某种意义的模式,从而对旅游决策产生影响,通过研究这种心理知觉可以影响旅游者的决策行为,从而有针对性地进行旅游宣传和资源开发(杨慧慧等,2008)[13]。由此可知,心理学研究对旅游决策影响因素有着相当重要的意义。

卢昆(2003)的相关研究表明,知觉距离也可作为旅游决策的一项重要影响因素加以引用[14]。苏晓艳(2007)将旅游决策的影响因素、限制性因素置于老年旅游市场的研究环境中进行研究,揭示了影响城镇老年人旅游决策的各种限制性因素[15],是较为新颖、另辟蹊径的研究。

邱扶东(2007)对旅游信息特征的研究表明,在旅游决策过程中,信息框架对旅游决策的结果,具有非常显著的影响;正面框架比负面框架导致了更大额度的旅游消费决策;信息可信性对旅游决策的结果也具有非常显著的影响,可信性高的信息,导致了较高额度的旅游消费选择[16]。

2. 国外研究现状

对于古镇旅游的研究,是一个较为中国化的课题,故本文搜集并参考的国外文献,主要是关于对旅游决策及其影响因素方面的研究。

在对旅游决策推拉力因素的应用上,早在2003年韩国学者Samuel Seongseop Kim, Choong – Ki Lee, and David B. Klenosky就进行过相关研究,他们将推力因素界定为游客选择某一目的地的原因,将拉力因素限定为该目的地相较于其他目的地哪些方面做得更好[17]。

随着全球性老龄化现象的出现,国外也有学者对老年人旅游决策做了专门性研究。如David W. Eby, Lisa J. Molnar (2001)对美国65岁以上的驾车旅游者与年轻人进行比较研究,发现老年旅游者更倾向于选择健康旅游和教育旅游,在路线安排方面更重视路况等安全性信息[18]。该研究说明,在旅游决策影响因素的研究中,年龄应该作为一个重要的考察因子。

来自家庭方面的影响对旅游决策有着重要作用,Nichols Catherine M.、Snepenger David J.,Pizam Abraham,Mansfield Yoel (1999)[19]和Nichols Catherine M.,Snepenger David J. (1988)[20]分别对此进行过不同角度的探讨。前者的研究表明家庭成员间的沟通对旅游决策的制定有着重要作用,而后者则通过区分家庭内部谁占主导,从人口统计、旅游行为等方面比较不同的家庭决策模式的差异。

关于旅游决策的限制性因素,学者 Stemerding (1996)曾尝试以限制性因素对旅游者进行市场细分,根据细分群的背景特征、偏好、限制性因素,拟针对各细分群进行区别营销。这种研究思路应当在国内的旅游决策研究中引以借鉴。

3. 问题的提出

综观国内外关于古镇旅游的已有文献,从客源市场出发,研究旅游者需求或行为影响因素的文献尚为数不多,部分研究是有关古镇旅游决策的影响因素。但以往的研究成果,多数只涉及单个或某几个影响因素对旅游决策行为的影响机制,本文拟选取较为全面地涉及各方面因素的旅游决策过程模型,将其用于古镇旅游决策行为的研究之中。将提出研究关系假设,即模型中三种外部性的变量对古镇旅游决策的内在影响机制怎样,以及三者通过内在需求和动机这个内部性的中介变量是如何作用于古镇旅游决策的。

三、研究设计

1. 研究假设

基于研究问题的提出,拟从以下关系假设模型(图1)出发,进行后续的研究设计和分析。根据希摩尔决策过程模型,外部刺激、外部变量、旅游目的地特征对古镇旅游决策存在直接的影响,这是本研究要验证的问题之一。三种变量通过内在需求和动机这个中介变量是如何作用于古镇旅游决策的,这是本研究要探讨的问题之二。另外,三种变量各自包括的维度因素中,哪些因素起的影响作用更明显,可以被选取为主因子作为知觉图的横纵坐标,这是本研究要解决的问题之三。

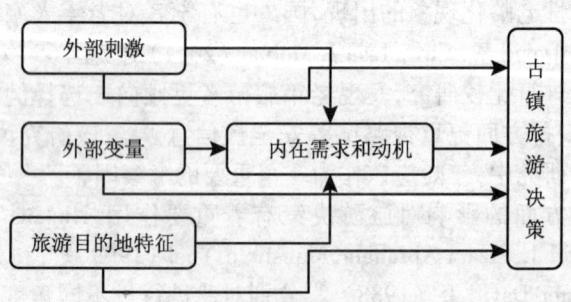

图1 古镇旅游决策影响因素研究假设模型

第一篇　旅游目的地研究

2. 属性变量

外部刺激,主要从旅游目的地以外的影响因素讨论,包括广告和促销、旅游文学(游记等)、其他旅游者的建议和看法、旅游中间商(旅行社等)的建议和推荐4个方面。

内在需求和动机,受社会经济地位、个性特征、社会影响和渴望、态度和价值观等的影响,本文认为可以从个人和人际关系两个层面的"逃避—寻求"维度来做进一步研究。

旅游目的地特征,专指来自旅游目的地并对旅游决策产生影响的因素,包括成本与价格的关系、旅游吸引物及宜人性、旅游机会范围、旅游信息的质量和数量、提供的旅游安排类型5个方面。

外部变量,涉及的是个人客观条件以及对外界与旅游相关的信息产生的认知,主要指对旅游中间商的信心、对目的地服务形象的认知、以前的旅游经历、主客观风险估计、时间和费用限制5个方面。

3. 调查范围和对象

全国的古镇多达二百多个,根据对"中国古镇网"网站信息的浏览观察,拟选取游记篇数最多的20个古镇作为重点研究,分别是西塘、乌镇、南浔、三门源、新市、同里、周庄、丽江、大理、束河、和顺、凤凰、阳朔、平遥、婺源、西递、宏村、长汀、永定、南靖,其中考虑到西递与宏村的旅游捆绑性,将西递、宏村作为一项来表示。鉴于网站信息在一定层面上代表着各古镇受欢迎的程度,以这20个古镇作为被调查者勾选式回答问题的选项,较为符合方便大众的性质,如涉及其他选项,将通过"其他"一项来表示。

本次调查在全国城市灵活随机发放,回收339份问卷。在回收的339份问卷中,有8份因信息填写不完整视为无效问卷,有效问卷则为331份,有效率为97.93%。在调查对象中,男女数量比为177∶154,分别占总样本数的53.5%和46.5%。在年龄结构方面,18～23岁的居多,占总数的48%;其次为24～30岁人群,占总数的34.4%;小于18岁或大于30岁的人群只占17.6%。在受教育程度方面,在受访的古镇旅游对象中,大专及以上学历的占绝大多数,比例高达92.8%。在受访对象中,学生、企事业单位职员、自由职业者人数位居前列,分别为50.5%、24.5%、12.4%,这与他们的时间、精力、兴趣爱好息息相关。与受访人群的职业相对应,70%以上的人月薪低于3 000元,为拮据或小康收入水平;仅26.9%的人月薪为3 000元以上,为较为富裕的收入水平,这也符合了一个常有的规律"金钱总是与时间成反比",收入高的人群经常没有时间考虑出行旅游。

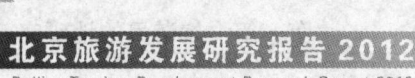

四、数据分析

1. 数据信效度分析

经数据转换,问卷涉及古镇旅游偏好、内在需求和动机、外部刺激、外部变量、旅游目的地特征5个维度。由于将"想去的古镇"个数计为"古镇旅游偏好"符合一般逻辑性,因此不用测量维度内题目的一致性。

我们对其余的4个维度进行信度分析。由于每个维度内都有几个相关的问题,我们利用SPSS 13.0对各维度内部问题进行信度分析,来证明维度内题目的一致性和数据的真实性。分析结果用表1表示:

表1

各个维度	内在需求和动机	外部刺激	外部变量	旅游目的地特征
克朗巴哈α值	0.578	0.671	0.613	0.735

克朗巴哈α值大于0.5时,说明该维度的内部一致性较高,研究因素合理可信。分析表明,以上4个维度的克朗巴哈α值均大于0.5,说明各自的内部一致性都较高。

2. 相关分析

相关分析主要探索两个定距的变量之间是否相关及相关的程度。本研究主要采用SPSS系统默认的皮尔逊相关系数,见表2。

表2

维度变量		外部刺激	外部变量	旅游目的地特征	内在需求和动机	古镇旅游偏好
外部刺激	皮尔逊系数					
	显著水平 Sig.					
外部变量	皮尔逊系数	0.430***				
	显著水平 Sig.	0.000				
旅游目的地特征	皮尔逊系数	0.426***	0.994***			
	显著水平 Sig.	0.000	0.000			

续表

维度变量		外部刺激	外部变量	旅游目的地特征	内在需求和动机	古镇旅游偏好
内在需求和动机	皮尔逊系数	0.429***	0.377***	0.381***	—	—
	显著水平 Sig.	0.000	0.000	0.000		
古镇旅游偏好	皮尔逊系数	0.133*	0.103*	0.104*	0.420**	—
	显著水平 Sig.	0.015	0.031	0.030	0.004	

(sig. <0.001 时,表示:非常显著相关***;sig. <0.01 时,表示:显著相关**,0.01<sig. <0.05 时,表示:较为显著相关*;sig. >0.05 时,表示:无显著相关)

由相关分析的皮尔逊系数得知,外部刺激、外部变量、旅游目的地特征三者两两之间都存在非常显著的相关性,且外部变量与旅游目的地特征之间的相关性最为显著,皮尔逊系数为 0.994,这源于两者所包含的问题有相同之处。

"外部变量"的表述问题为:古镇的旅游形象、旅行社的可信任度、以往旅游的经历、古镇的安全性、时间和费用因素;而"旅游目的地特征"的表述问题则为:景观的独特性和宜人性、当地居民的友善性、古镇的区位特征、餐饮住宿等的便利性、商业化的程度、对古镇的了解程度、古镇消费水平和服务性价比。其中,古镇"景观的独特性和宜人性"完全有可能造就其旅游形象在人们心目中的地位,进而影响人们的口碑或宣传,并成为"外部变量"的一部分。

由表 2 知,外部刺激、外部变量、旅游目的地特征三者与古镇旅游偏好的相关系数的显著性 sig. 值分别为 0.015<0.05,0.031<0.05,0.030<0.05,为较为显著性相关的关系。中介变量"内在需求和动机"与因变量"古镇旅游偏好"的相关系数显著性 sig. 值则为 0.004<0.01,为显著性相关的关系。同时,外部刺激、外部变量、旅游目的地特征三者与"内在需求和动机"的显著性 sig. 值则均为 0.000<0.001,为非常显著性相关。

这说明,外部刺激、外部变量、旅游目的地特征对因变量"古镇旅游偏好"的影响作用存在,但通过中介变量"内在需求和动机"能更多程度地对其产生影响机制作用。由此说明,本论文之前的研究假设成立。

3. 回归分析

在线性分析中将外部刺激、外部变量、旅游目的地特征输入区块 1 的自变量空格中,再将内在需求和动机输入区块 2 的自变量空格中,得到分层回归分析结果。

根据以上回归分析结果可知，三个自变量如果通过中介变量对因变量起作用，比三个自变量对因变量直接起作用的程度要增加。这说明在本研究中引入中介变量是有必要的，同时也验证了本研究的关系假设模型。

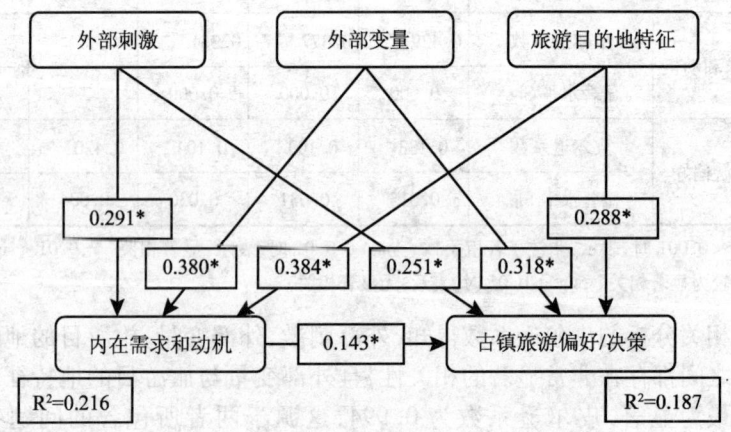

图2　各研究变量间的回归系数

4. 因子分析

通过进行 KMO 检验和巴特利特球形检验得出，KMO 值为 $0.711 > 0.5$，巴特利特检验的 sig 值为 $0.000 < 0.001$，因此可以对各个维度变量进行因子分析。

表3

序号	因子 Component						
	1	2	3	4	5	6	7
1 摆脱现实压力,放松身心	.326	.485	.038	.256	-.136	.237	.049
2 一直很向往完成心愿	.315	.238	.139	.124	.063	.614	-.003
3 了解传统文化,体验民俗	.430	-.143	.370	.057	.309	.348	-.025
4 去朋友去过或想去的地方	.382	.408	.135	-.132	.392	-.083	.236
5 逃避纷繁复杂的人际关系	.237	.549	-.209	.296	.070	.158	.108
6 与他人分享旅游经历	.390	.350	.150	-.107	.464	-.305	.225
7 杂志、网络等的宣传	.425	.274	.249	.096	-.208	-.156	-.553

续表

序号	因子 Component						
	1	2	3	4	5	6	7
8 打折优惠信息	.571	.246	−.121	−.334	−.236	.154	−.177
9 去过古镇的人的游记和评论	.443	.164	.469	−.153	−.101	−.152	−.247
10 旅行社的推荐	.539	.115	.021	−.515	.049	−.006	.077
11 亲朋的建议和看法	.521	−.080	.348	−.372	−.098	−.103	−.019
12 古镇的旅游形象	.410	−.344	.472	.069	−.162	−.003	.318
13 旅行社的可信任度	.573	−.184	−.278	−.471	.007	.131	.103
14 以往旅游的经历	.489	.042	−.005	.254	−.163	−.359	.364
15 古镇的安全性	.630	−.303	−.316	−.118	−.025	.002	−.003
16 时间和费用因素	.502	.131	−.006	.128	−.562	−.062	.108
17 自然、人文景观的独特性和宜人性	.350	−.380	.490	.334	−.042	.117	.088
18 当地居民的友善性	.541	−.342	−.124	.164	−.016	.107	.177
19 餐饮、住宿等的便利性	.670	−.192	−.373	−.019	−.060	.093	−.094
20 古镇的区位特征	.566	−.199	−.184	.232	.244	−.179	−.179
21 对古镇的了解程度	.469	−.246	−.004	.248	.394	−.106	−.414
22 古镇消费水平和服务性价比	.620	−.010	−.320	.163	.090	.086	.024
23 商业化的程度	.489	.182	−.188	.307	−.080	−.278	.006

由表3可知,通过对23个问题因子在提取出的7个问题因子上的载荷分析,得知:"古镇的安全性"、"餐饮、住宿等的便利性"在因子1上的载荷最大,故将因子1命名为"古镇的安全便利性"。而"摆脱现实压力,放松身心"、"逃避纷繁复杂的人际关系"在因子2上的载荷最大,故将因子2命名为"逃避世俗的压力"。

同时,对于因子1的取值,以"古镇的安全性"与"餐饮、住宿等的便利性"的平均值表示;对因子2的取值,则以"摆脱现实压力,放松身心"和"逃避纷繁复杂的人际关系"的平均值表示。

根据知觉图惯用的结构模式,可将因子1和因子2分别作为知觉图的纵坐标、横坐标。

五、知觉图的建立

前一部分数据分析主要研究的是,以"想去的古镇"个数来表达"古镇旅游偏好",而问卷中还涉及的"去过的古镇"这样一组数据,在本部分中加以使用。在之前的因子分析中,我们得到最能影响古镇旅游偏好的两个主因子"逃避世俗的压力"和"古镇的安全便利性"。本部分将尝试以这两个主因子作为关键性要素,以"逃避世俗的压力"为横坐标,以"古镇的安全便利性"为纵坐标,建立所研究的20个古镇的市场定位知觉图见图3。

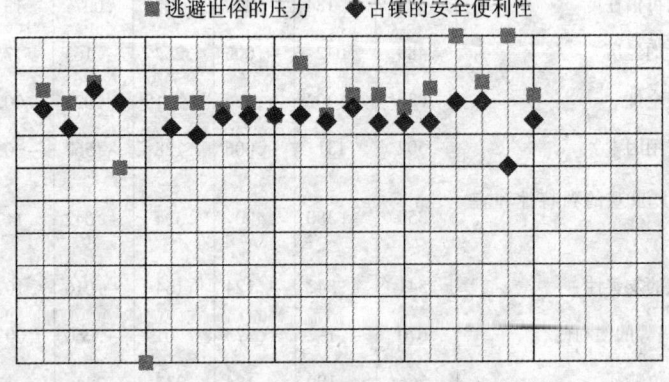

图3　20个古镇的市场定位知觉图

(横轴:刻度0~25每一格代表一个古镇的位置,1表示西塘,2表示乌镇,3表示南浔……19代表南靖,20表示其他古镇。纵轴:以每格0.5为最小单位,从0到5分别表示"逃避世俗的压力"、"古镇的安全便利性"的分值。)

六、研究发现及结论

1. 希摩尔模型在古镇旅游研究中的应用

目前关于古镇旅游的研究中,从客源市场着手,探索旅游者需求、偏好乃至决策的,多数只是从单个或几个影响因素来研究古镇旅游决策。本研究试图从涉及因素比较全面的希摩尔旅游决策模型中,提取出适合于古镇旅游决策研究的假设模型。即假设外部刺激、外部变量、旅游目的地特征对古镇旅游决策存在直接的影响,同时,这三种变量通过古镇旅游者的内在需求和动机为中介,也对古镇旅游决策存在一定程度的影响。从而将古镇旅游者的内在动机与外部影响相结合,更加全面地、合理地考察古镇旅游者的偏好与决策行为。

经理论假设与实证研究,本研究证实了希摩尔模型对于古镇旅游决策研究的借鉴性,并同时验证了由希摩尔模型提取出的古镇旅游决策影响因素模型成立。

2. 古镇旅游决策影响因素的作用机制

通过研究我们发现,古镇旅游决策的各个影响因素呈现出以下特点。

2.1 外部刺激、外部变量、旅游目的地特征对古镇旅游决策直接影响作用一般

"外部刺激"包括:杂志、网络等的宣传,打折优惠信息,去过古镇的人的游记和评论,旅行社的推荐,亲朋的建议和看法;"外部变量"包括:古镇的旅游形象,旅行社的可信任度,以往旅游的经历,古镇的安全性,时间和费用因素;"旅游目的地特征"包括:景观的独特性和宜人性,当地居民的友善性,古镇的区位特征,餐饮、住宿等的便利性,商业化的程度,对古镇的了解程度,古镇消费水平和服务性价比。鉴于古镇旅游决策的观测性较为困难,只能通过给定古镇中最想去的个数——古镇旅游偏好来表现。

通过问卷数据的数理分析结果,得知:外界的宣传、身边人的影响以及古镇本身在消费者心目中的印象或者古镇的其他相关信息等,对于消费者是否决定去古镇旅游,有着一定程度的影响作用,但相对来讲,这种影响作用不是特别明显。故本研究中引入的中介变量"内在需求和动机"不是多余的,且研究结果表明,中介变量的引入对本研究的作用是十分重要的。

2.2 三者更多通过"内在需求和动机"对古镇旅游决策产生影响

"内在需求和动机"包括:摆脱现实压力,放松身心;一直很向往完成心愿;了解传统文化,体验民俗;逃避纷繁复杂的人际关系;去朋友去过或想去的地方;与他人分享旅游经历。

外部刺激、外部变量、旅游目的地特征与中介变量"内在需求和动机"的相关性较强。研究发现,影响因子如外界的宣传、身边人的影响以及古镇本身在消费者心目中的印象或者古镇的其他相关信息等,对于消费者产生"想去古镇旅游"的内在需求或内在动机有着很大的拉动作用。

中介变量"内在需求和动机"与因变量"古镇旅游决策"的相关性也较强。"内在需求和动机"对古镇旅游决策的较强正相关性表明,消费者选择去古镇旅游,更多地源自内在的推动力,即消费者本身心理的追求及渴望起着主导作用。且在"内在需求和动机"的表现形式中,摆脱现实压力,放松身心和逃

避纷繁复杂的人际关系两个内在推力作用表现得最为明显,因此可用作构建古镇知觉图的两个相关因子,即直观地表述各个古镇在旅游消费者心目中的位置如何。

2.3 逃避世俗的压力、古镇的安全便利性是影响古镇旅游决策的两个主因子

前文分析得到影响古镇旅游决策的两个主因子分别为:古镇的安全便利性、逃避世俗的压力。

在20个古镇知觉图的建立与释读过程中,进一步验证了这两个主因子在区别古镇之间受欢迎程度的影响作用。且事实表明,古镇在自身完善与营销定位中,必须"两手都要抓,两手都要硬",两个主因子需要齐头并进,以三门源、长汀、南靖为借鉴,不可以出现安全便利性与逃避世俗性两者只顾其一的现象,以免降低对旅游消费者的吸引力。

3. 知觉图在古镇旅游研究中的应用

知觉图惯有的使用模式为:将消费者最看重的两个产品特征属性作为关键性要素,以此为两个坐标维度来构建,产品在知觉图中所处的位置直观地反映该产品在消费者心目中的地位。

在本研究中,针对权威网站排名列出20个最受欢迎的古镇,供受访者参考选择。通过对问卷数据的因子分析,提取出对古镇旅游决策影响最大的成分,重新命名为两个主因子"逃避世俗的压力"、"古镇的安全便利性"。原本预期将其作为横纵坐标,但受 Excel 功能的限制,只得出横坐标标识各个古镇、纵坐标标识两个主因子取值的这样一个散点图;但意义同传统的知觉图基本一致,或者称为知觉图的变形亦可。实际上,知觉图在古镇旅游研究中的应用不比产品知觉图的作用差。

4. 知觉图的构建对古镇定位的作用

4.1 确定关键性要素,以便重点诊断

同产品知觉图的作用一样,古镇知觉图的建立也为各个古镇的营销定位提供直观的参考作用。在图3中,绝大多数的古镇在旅游消费者最重视的两个主因子方面都做得较好,不仅适合他们逃避世俗、寻得安静,而且也保证了最基本的安全性、生活便利性。

但是,个别的古镇做得不好,如三门源的安全性与便利性并不符合旅游消费者的要求,因此在问卷调查结果中,想去三门源的人数仅为1,与这点也是息息相关的。新市的偏好人数为0,也体现出新市古镇在旅游消费者心目中的地位远远不够。

同时,知觉图的位置高低与古镇偏好人数一致,更进一步地说明了知

觉图在古镇旅游的研究中的可信度与可靠性,也确保了研究古镇旅游的两个关键性要素的实用性。

4.2 互相比较,发现不足,取长补短

和顺、长汀、南靖三个古镇相似,都是在安全性、便利性方面做得非常好,但是给不了旅游消费者一种能逃避世俗的清净之感,因此 331 个受访者中,对这三个古镇的偏好人数都不高,分别为 8、1、1。所以和顺、长汀、南靖三个古镇需要提高的是清净之感,给人营造一种逃避世俗的氛围。

永定在知觉图的位置较高,但问卷结果中的偏好人数仅为 3,这可能源于永定的宣传力度不够。少数了解永定的消费者,认为永定的安全便利性与清净性都不错,说明此古镇欠缺的是对外宣传,如果能让更多人了解到它,则永定古镇的偏好人数将大幅度增多。

旅游消费者在各种旅游需求中,当"逃避世俗的压力"需求最明显时,或者单独考虑"逃避世俗的压力"因素时,则更趋向于选择去南浔古镇旅游,而不是选择南靖。

长汀和南靖这两个古镇的安全便利性最大,表明旅游消费者在选择古镇时,如果最重视古镇的安全便利性,则会趋向于选择长汀、南靖。但这两者之间,长汀相对于南靖,在消费者心目中更加适合远离尘世、获得清净,更能达到逃避世俗压力的效果。当单独考虑"古镇的安全便利性"因素时,古镇旅游消费者最不愿意选择三门源。

总之,20 个古镇所构建的知觉图,可以为各自的旅游宣传及缺陷弥补提供建设性的参考与互相的借鉴。

参考文献

[1] 张安民.南浔古镇游客满意度前因研究[J].北方经贸,2009(11):99-101.

[2] 刘莉,陆林.江苏省同里镇旅游者旅游感知调查分析[J].安徽师范大学学报(人文社会科学版),2006,34(2):220-223.

[3] 葛军莲.周庄古镇旅游商业感知与调控机制研究[D].南京师范大学硕士论文,2007.

[4] 宋玉蓉.洛带古镇游客行为特征分析[J].乐山师范学院学报,2008,23(8):71-73.

[5] 陈运旗.成都市洛带古镇旅游经济的调查和思考——从游客角度解析[J].第五期中国现代化研究论坛论文集,2007(8):279-281.

[6] 郭彩霞.四川古镇旅游客源市场与影响因素分析及对策研究[D].西南交通大学硕士论文,2008.

[7] 郭亚军.旅游者决策行为研究[D].西北大学博士论文,2010.

[8]杨亮.情境因素对旅游决策影响的实证分析[D].西北大学硕士论文,2009.

[9]秦俊丽.基于AMOS技术的福州城区居民旅游决策行为影响机制研究[D].福建师范大学硕士论文,2009.

[10]张莉,刘新平.目的地因素对境外游客旅游决策的影响[J].河北师范大学学报(自然科学版),2008,32(4):554-556.

[11]刘宏盈,马耀峰,高军,赵现红.旅昆入境游客旅游气候感知对其旅游决策的影响研究[J].生态经济,2008(5):47-50.

[12]郭俊俊.旅游虚拟社区成员行为对旅游决策的影响研究[D].浙江大学硕士论文,2008.

[13]杨慧慧,吴琳,郑莉君.试论心理知觉对旅游决策的影响[J].宁波大学学报(教育科学版),2008,30(1):64-67.

[14]卢昆.知觉距离对消费者旅游决策的影响[J].桂林旅游高等专科学校学报,2003,14(4):48-50.

[15]苏晓艳.老年旅游决策的限制性因素研究[D].上海交通大学硕士论文,2007.

[16]邱扶东,汪静.旅游决策过程调查研究[J].旅游科学,2005,19(2):1-5.

[17]SAMUE SEONGSEOP KIM,CHOONG-KI LEE, and DAVID B. KLENOSKY. The influence of push and pull factors at Korean national park[J]. Tourism Management,2003, 24(2):169-180.

[18]DAVID W. EBY, LISA J. MOLNAR. Age-Related Decision Factors in Destination Choice for United States Driving Tourists[J]. Journal of Hospitality & Leisure Marketing, 2001, 9(1/2):97-111.

[19]NICHOLS CATHERINE M., SNEPENGER DAVID J., PIZAM ABRAHAM, MANSFIELD YOEL. Chapter 6: Family Decision Making and Tourism Behaviors and Attitudes [M]. Consumer Behavior in Travel & Tourism, 1999:135-148.

[20]NICHOLS CATHERINE M., SNEPENGER DAVID J.. Family Decision Making And Tourism Behavior And Attitudes [J]. Journal of Travel Research, 1988, 26(4):2-5.

第二篇 旅游政策

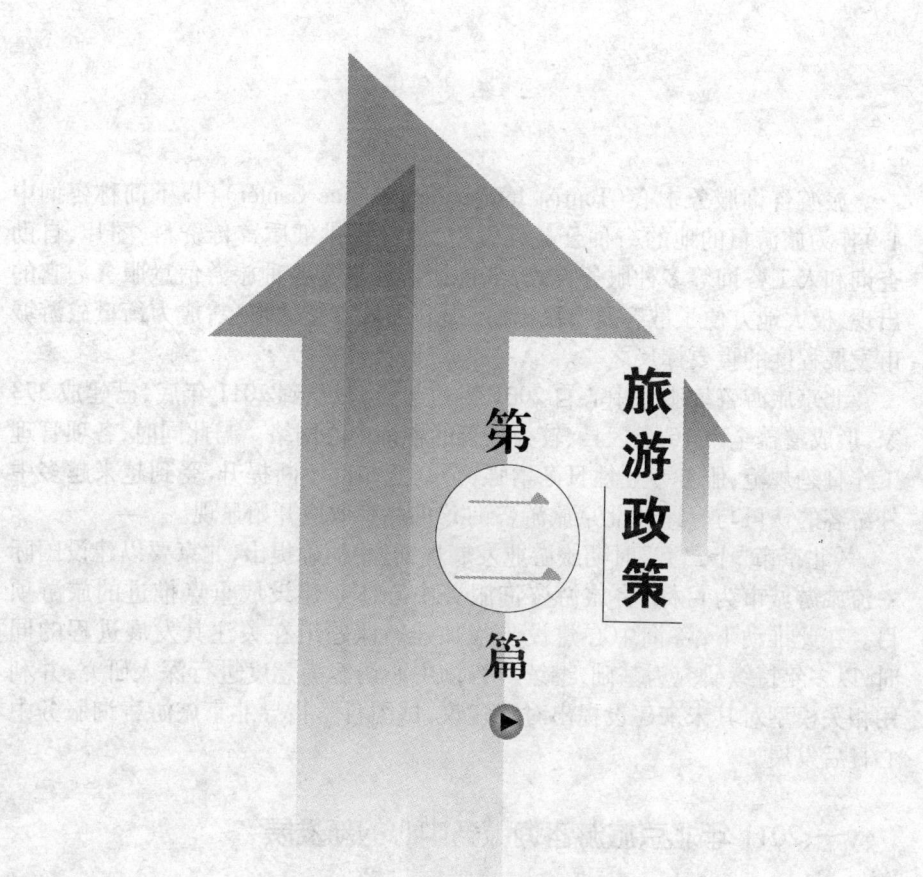

2011年北京旅游咨询服务中心发展报告

韩玉灵等[①]

旅游咨询服务中心（Tourist Information Service Center）（以下简称咨询中心）作为旅游目的地的一种公益性设施，通过提供纸质宣传资料、图片、自助查询和人工咨询等多种服务方式，直接让访客享受各种旅游信息服务。它的出现，极大地方便了散客及市民出游，提升了城市整体形象，成为衡量旅游城市发展程度的重要标尺之一。

北京旅游咨询服务中心自2001年初起建，截止到2011年底，已建成373家，形成覆盖全市16个区县、较为完善的咨询中心网络。与此同时，各项管理工作日趋规范，服务专业性日渐增强，公众认知度不断提升，受到越来越多中外游客的认可与好评，"北京旅游咨询i"的品牌效应开始显现。

《北京市"十二五"时期旅游业发展规划》中明确提出，北京要以建设国际一流旅游城市为目标，将旅游咨询服务中心体系建设成重点推进的旅游项目。在此推动下，咨询中心建设步伐加速。课题组在关注其发展进程的同时，以多年持续研究为基础，继续对咨询中心访客满意度进行深入研究，并利用相关模型对其未来建设提出对策建议，试图科学指导北京旅游咨询服务中心日后发展。

一、2011年北京旅游咨询服务中心的新发展

（一）站点数量及接待访客人数急速增长

2011年，北京旅游咨询服务中心数量规模进一步扩大。截止到2011年

---

① 本研究为北京市旅委2011年委托项目《北京市旅游咨询服务中心质量测评》的后期研究成果。

韩玉灵：曾任北二外旅游管理学院党总支书记、北二外宣传部部长、北二外科研处处长；现为北京旅游发展研究基地学术委员会副主任、北京旅游学会常务理事、山东省旅游专家委员会委员、北二外校学术委员会委员、北二外旅游法律与产业规制研究中心主任、全国旅游职业教育教学指导委员会秘书长。

底,全年新增咨询站263家,总数达到373家,较之2010年同比增长239%,又创历史新高,站点总数在全国范围内遥遥领先(见图1)①。

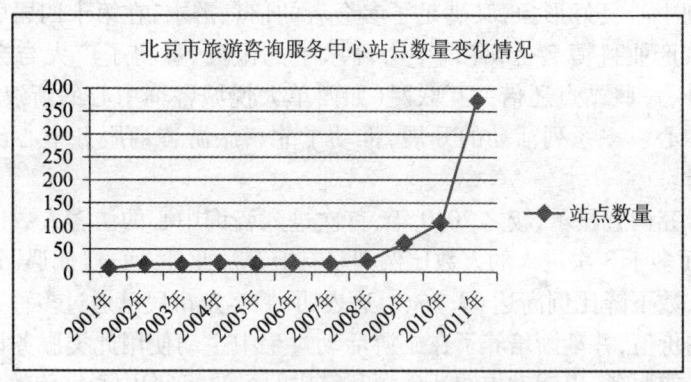

图1　北京旅游咨询服务中心站点数量变化情况

北京市旅游发展委员会的统计资料显示,2011年,全市正式运行的咨询站点已接待访客723万人次,每月平均接待6 025人次,同比增长82.2%。

(二) 多种合作模式初见成效

2010年始,北京市旅游发展委员会探索打破站点成立之初主要由北京市旅游委、财政局和各区(县)政府共同投资建设的模式束缚,尝试与全市A级景区、首旅集团和全聚德集团等企业合作建设站点,经过一年时间磨合,现运行情况良好。全市205家A级景区中已有177家游客服务中心改建成为旅游咨询服务中心,比例高达86.3%。在此基础上,2011年咨询中心又与首发集团合作,在全市部分公交总站设立了咨询站点,为更多散客和市民出游提供便利服务。

多样化的合作模式探索效果初显,不仅站点数量迅速增长,分布区域不断扩张,在一定程度上也缓解了咨询中心初期投资建设及后期日常维护的资金压力,并可部分解决中心工作人员数量不足、流失率高等问题。

(三) 游客认知度显著提升

2011年,北京市旅游发展委员会采取措施、通过多种途径加大了对咨询中心品牌宣传的力度。诸如北京旅游网设立"北京旅游咨询"网页链接,方便人们通过网络了解更多咨询中心的详细信息;在全市旅游咨询日活动上,咨

---

① 图1所列数据源自北京市旅游发展委员会。

询中心以优质服务一展风姿,吸引了大量咨询者;在高规格的 PATA 国际会议期间,咨询中心首次以独立展台形式亮相,既展现了工作人员的魅力、树立了咨询中心良好形象,又满足了参会者的信息需求;在第十四届中国北京国际科技产业科博会上,咨询中心高水平的服务,赢得了广大与会者的赞誉。此外,一些站点还借助互联网(如西单大悦城咨询中心的新浪微博)推介咨询中心。一系列活动的开展,推动了北京旅游咨询服务中心认知度的显著提升。

本研究调查显示,较之2010年,首次进入咨询中心的访客人数比例下降了5%,而多于3次进入的人数比例则略有上升。此外,通过"偶遇"知晓咨询中心的人数下降比例高达69.7%。这表明,散客及市民已通过多种渠道了解了中心的价值,并渐渐培养了在旅游活动过程中主动使用此类服务设施获取旅游信息或服务,以辅助旅游活动顺利完成的习惯,咨询中心宣传效果初显。

二、旅游咨询服务中心访客满意度测评模型研究

访客满意度,是衡量北京旅游咨询服务中心服务质量优劣的一个重要指标。2010年,课题组为了更好地监督咨询中心的服务质量,提升访客满意度,对咨询中心进行了访客满意度问卷调查,并采用因子分析、主成分分析等方法构建了访客满意度测评体系,较为科学地确定了影响访客满意度的几个主要因素。2011年,课题组在2010年的基础上,针对评价体系中的不足进行了修正,以期持续深入研究,构建更为科学、合理的访客满意度测评模型。此外,将利用IPA分析方法提出提升访客满意度策略的相关建议。

(一)问卷调查情况

本研究采用随机抽样调查方法,在2011年"十一"黄金周期间,对北京市区的圆明园、王府井、后海和什刹海等十几家访客较为集中、访客流量大的咨询中心站点发放北京旅游咨询服务中心访客满意度调查问卷,以获取定量分析数据。为确保调查数据的有效性,调查对象选择为在咨询中心进行咨询后的访客。此次调查共发放问卷500份,回收有效问卷469份,问卷有效率为93.8%。

(二)样本描述性分析

1. 访客基本特征概述

在性别比例上,所调查访客群体中,男性访客数量占49.8%,女性访客数量占50.2%,数量比例接近于1:1,基本持平。

从年龄构成上分析,抽样调查的主要群体集中在 19~24 岁年龄段,占调查访客总人数的 35.3%;其次是 25~34 岁年龄段,占 33.4%。由此可见,中青年群体是咨询中心访客的主要组成部分。

在客源地方面,外省市访客数量最多,占调查访客总人数的 67.2%;其次是北京市民,占 24.2%;来自港、澳、台和其他国家或地区的访客人数共占 8.6%。可见,外省市和本地游客成为咨询中心的主要服务对象。

2. 访客咨询情况

在进入咨询中心原因的选择上,"出游前未查询旅游信息,想进行咨询"的访客所占比例最大,为 36.1%;其次是"出游前查询的旅游信息有误,想获取正确、及时和全面的信息",比例为 35.2%。由此可推知,作为咨询中心主要工作内容的信息咨询服务,信息的准确性、及时性和全面性是其主要优势。

在咨询内容一项,咨询"景区信息"的访客人数最多,占 58%;其次是交通,占 55.7%。与 2010 年统计数据相比,具体情况如图 2 所示。

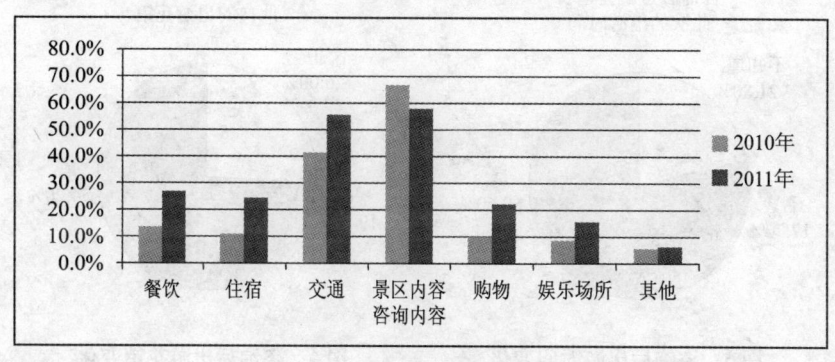

图 2 访客咨询内容比较

通过统计结果对比发现,咨询"景区信息"的访客人数在 2011 年所占比例略有下降,而咨询交通、餐饮等其他信息的访客人数比例均略有上升。这一现象,一方面证明咨询中心提供信息的重点仍应是景区和交通;另一方面表明,咨询中心需提供更多有关吃、住、行、购、娱等方面的信息,走马观花式的旅游并非散客群体的旅游特征,旅游目的地的饮食、住宿、日常休闲活动等是散客深度游的兴趣所在。因此,咨询中心可通过加强与酒店、餐饮、购物场所等旅游单位的合作,以多样化的信息内容满足更多散客个性化的旅游信息需求。

3. 访客忠诚度情况

针对访客忠诚度主要涉及了两个问题,调查结果如下:

在重访率调查上,88.2%的访客表示会再次选择进入咨询中心;在推荐率调查上,84.9%的访客表示愿意向他人推荐此种问询方式。由此可见,咨询中心访客忠诚度较高,具体体现在愿意再次进入和对中心进行口碑宣传的数量比例较高。

4. 访后效应情况

咨询中心设立的目的,不仅是为众多散客和市民出游提供帮助,也是宣传城市形象的一个极佳渠道。通过为访客提供城市风景名胜、历史风貌、民俗风情、休闲娱乐等旅游信息,激发他们对城市旅游的兴趣,进而延长其在目的地停留的时间和(或)增加计划外的出游花销。对于这两类访后效应的调查结果如图3和图4所示。

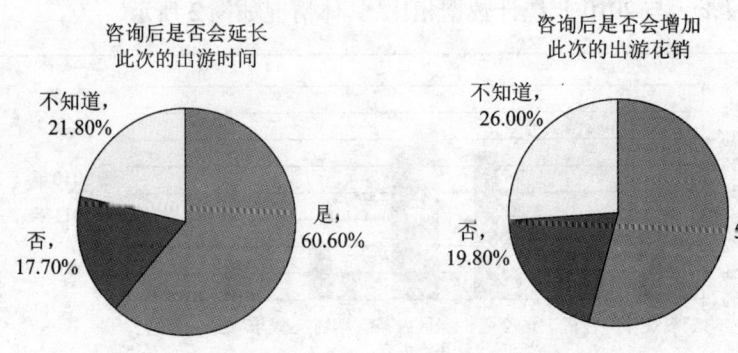

图3　咨询后出游时间变化　　　　图4　咨询后出游花销变化

由图3、图4可知,咨询中心的服务可能会影响访客旅游行为。选择咨询后会延长出游时间、增加计划外出游花销的访客均占50%以上,可见,咨询中心的设立为城市旅游宣传和旅游创收都起到了一定的积极推动作用。

(三)北京旅游咨询服务中心访客满意度测评模型的构建

构建北京旅游咨询服务中心访客满意度测评模型的目的在于识别中心访客满意的因变量和果变量,了解各个变量与访客满意之间的关系及影响机理,为实际测评提供依据。本文在参考美国ACSI满意度测评理论模型的基础上,结合咨询中心自身特点,构建了北京旅游咨询服务中心访客满意度潜在变量结构方程模型,如图5所示。

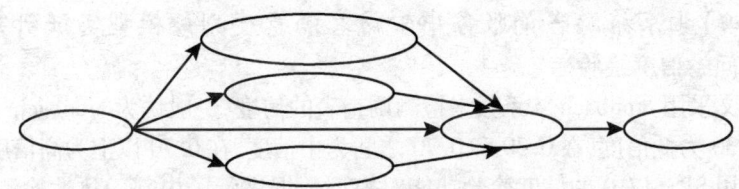

图5 北京旅游咨询服务中心访客满意度潜在变量结构方程模型

在图5中,该模型由6个结构变量,其中包括4个前因变量、1个结果变量和8个假设关系("+"表示正相关关系)组成。由于结构方程模型的潜在变量为隐变量,难以直接测评,为此,本研究根据上述结构方程模型构建总体思路及咨询中心实际情况,建立了一套可直接测评的北京旅游咨询服务中心访客满意度测评指标体系(见表1)。

表1 北京旅游咨询服务中心访客满意度测评指标体系

隐变量	显变量	隐变量	显变量
访客期望 η_1	总体期望 y_1	服务人员感知质量 η_4	主动问候 y_{18}
	对服务质量的期望 y_2		服务态度 y_{19}
外部及工作环境感知质量 η_2	外部标识 y_3		业务能力 y_{20}
	引导设施 y_4		应对能力 y_{21}
	选址及可达性 y_5		仪容仪表 y_{22}
	营运时间 y_6		在岗人员数量 y_{23}
	工作设施 y_7		多语种服务及表达能力 y_{24}
	访客休息场所 y_8		语调语速 y_{25}
	环境卫生 y_9	访客满意度 η_5	与需求相比的满意程度 y_{26}
服务内容感知质量 η_3	宣传资料内容 y_{10}		总体满意度 y_{27}
	宣传资料更新 y_{11}	访后效应 η_6	延长出游时间 y_{28}
	宣传资料分类 y_{12}		增加出游花销 y_{29}
	宣传资料语言版本 y_{13}		
	查询机运行与操作 y_{14}		
	查询机系统 y_{15}		
	旅游产品展示 y_{16}		
	旅游产品质量及价格 y_{17}		

(四)北京旅游咨询服务中心访客满意度测评模型实证研究

1. 问卷信度检验

本文采用 cronbach's 系数来检测调查表的信度,一般认为 cronbach's 系数小于 0.30 为低信度,在 0.30 和 0.70 之间为中信度,在 0.70 以上为高信度。

运用 SPSS17.0 的信度检验功能对模型数据进行了内部一致性检测,得到 cronbach's 的系数为 0.918,说明此次问卷具有高信度,可以进行相应分析。

另外,对问卷中每个潜变量的信度分别检验,结果显示各分量表的 Alpha 系数均在 0.5 以上,表明此量表可靠性较高。所以,初始模型中包括 6 个潜变量和 29 个可测变量。

2. 测量模型分析

通过对测量模型进行验证性因子分析,结果显示各观测变量的标准化因子载荷介于 0.512 ~ 0.936 之间,符合因子载荷大于 0.4 的标准,说明各因子对测量模型具有较强的解释能力。

3. 结构模型分析

本研究采用路径系数分析法,运用 AMOS18.0 统计软件对结构模型进行检验。

首先,对结构模型进行拟合性检验。检验结果显示:$X^2/df = 823.361/360 = 2.29$,小于 3;RMSEA 为 0.052,在 90% 的置信区间 0.048 ~ 0.057 内;NFI 和 CFI 分别为 0.907 和 0.945,大于 0.9;GFI 和 AGFI 分别为 0.893 和 0.870,略低于允许值上限 0.9。但总体来看,此模型对数据的拟合效果良好,可以用于北京旅游咨询服务中心访客满意度测量。

在 AMOS18.0 软件中对结构模型各隐变量之间的路径系数进行分析,得出路径系数图(见图 6)。

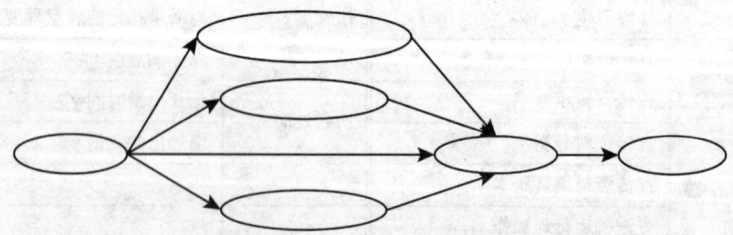

图 6 北京旅游咨询服务中心访客满意度测评模型结构变量的路径系数

4. 模型研究结论

本文以结构方程为分析平台,构建了咨询中心访客满意度测评模型。根据上述分析，对于北京旅游咨询服务中心访客满意行为，得出如下结论：

（1）访客期望对三项感知质量均产生负向影响，原假设 H1、H2 和 H3 均成立，直接效应分别为 -0.128、-0.099 和 -0.133，均小于 0.5，表明访客期望对感知质量的负向影响不显著，影响作用可忽略不计。这可能与咨询中心出现时间不长有关，人们尚未对其形成一定预期。但随着咨询中心不断发展成熟，人们将会逐渐对其建立稳定预期。

（2）访客期望对访客满意度产生正向影响，直接效应为 0.445，表明访客期望对访客满意度产生的正向影响不显著。此结果否定了原假设 H4，但结合实际情况，本文认为咨询中心作为政府新兴公益性旅游信息服务设施，访客对其的预期往往来自他们过去所体验的政府服务，一般情况下，这种体验愈多，访客预期愈理性。他们认为，咨询中心发展尚未成熟，各项服务有待完善，从而对其包容性较强，导致期望对满意度影响不大。因此，本模型拒绝原假设 H4。

（3）外部及工作环境感知、服务内容感知和服务人员感知 3 个变量均对访客满意产生正向影响，原假设 H5、H6 和 H7 均成立，直接效应分别为 0.655、0.795 和 0.817，表明正向影响显著。其中，服务人员感知质量对访客满意度影响最强烈。由此表明，咨询中心的外部及工作环境、服务内容和服务人员对访客而言极为重要，会直接正向影响访客满意度。因此，对咨询中心而言，提升这三方面的质量，是提高访客满意度的重要途径。

（4）访客满意度对访客效应产生正向影响，原假设 H8 成立，直接效应为 0.911，表明正向影响显著，即咨询中心访客满意度越高，访后效应越好，表现在延长旅游目的地停留时间和(或)增加计划外出游花销。

三、北京旅游咨询服务中心访客满意度提升策略研究

（一）北京旅游咨询服务中心重要性—表现性分析

IPA 方法是对各项评价因子的重要性与表现性进行分析，以分析结果评价产品或服务水平的优劣，最终通过对资源进行有效地优化配置来提升访客满意度。其定位分析图的 4 个象限所代表的意义分别为：象限Ⅰ是继续保持区，表示访客对此象限内要素重要性及表现性评价均高；象限Ⅱ是表现过度区，表示访客对此象限内要素重视度低，但对其表现性评价高；象限Ⅲ是低优先级区，表示访客对此象限内要素重要性及表现性评价均低；象限Ⅳ是改善重点区，表示访客对此象限内要素重视度高，但对其表现性评价低。

通过前文分析可知，三项感知质量是影响访客满意度的最关键因子，因此本文将通过 IPA 方法对其进行具体分析，以结果指导咨询中心管理者对资

源进行重新整合,确定改进优先次序,以期最为有效地利用这些资源来最大限度地提升访客满意度。

本问卷对感知质量的23个可观测变量进行了重要性和表现性调查,问题的选项分别从"非常不重要"至"非常重要"和"非常不满意"至"非常满意"共5个,并赋值1至5分。

首先,利用SPSS17.0对问卷中涉及的23个重要性因子进行信度分析,Alpha系数为0.959,表现性因子为0.954,均大于0.7,说明两类因子内在的信度可接受,即相关指标的内在一致性较好。因此,问卷调查所获得的数据可做进一步分析。其次,对3个具体感知质量做内部一致性检验,Alpha系数均大于0.900,即具有高信度,说明问卷各量表的可靠性非常好。并且,本研究还采用了配对样本T检验,旨在证明每一对数值之间是否存在显著性差异,显著性水平设为0.05,即如果$P<0.05$,则存在显著性差异,从而进一步对各子象限中的因子进行分析。

1. 外部及工作环境IPA定位分析

数据显示,该项7个因子的重要性总平均值等于4.35,表现性总平均值等于4.19。因此,7个指标分别落在以重要性总平均分值为横坐标、以表现性总平均分值为纵坐标、坐标原点为(4.35,4.19)的四象限图中(见图7)。

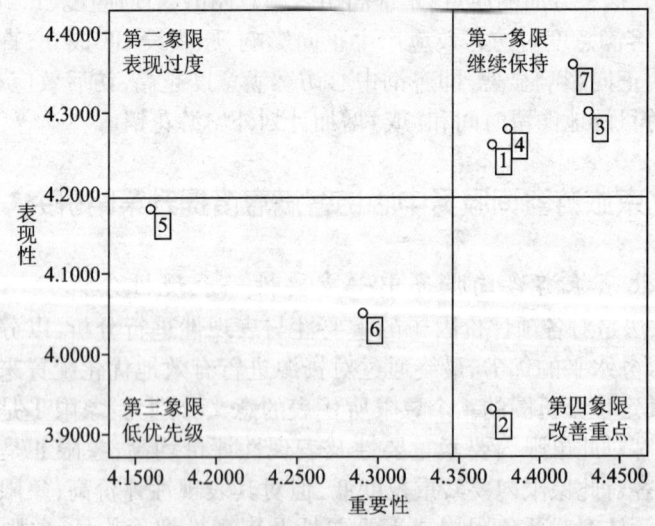

图7 外部及工作环境IPA定位分析图

注:1.外部标识;2.引导设施设置;3.选址及可达性;4.营运时间;5.工作设施;6.访客休息场所;7.环境卫生。

如图7所示,位于第一象限"继续保持区"内的因子包括:"外部标识"、"选址及可达性"、"营运时间"和"环境卫生"。根据IPA分析法原理,表示为访客认为这四个因子很重要,且实际表现也很好。结合配对比较检验结果,除"环境卫生"因子外,其余三个的重要性和表现性平均值均存在显著性差异,且前者大于后者,表明这三项的实际表现虽好,但仍显著低于重要性,特别是差距最大的"选址及可达性"因子。尽管近年来咨询中心选址范围不断扩展,但未充分考虑访客实际需求,因此,在宏观的选址合理性以及微观的站点可达性方面存在较大提升空间。

位于第三象限"低优先级区"内的因子包括:"工作设施"和"访客休息场所"。根据IPA分析法原理,这些因子的重要性和表现性平均值都相对较低,说明访客虽然对这些要素表现性评价不高,但也并不看重。结合配对比较检验结果,"工作设施"的重要性和表现性平均值不存在显著性差异,"访客休息场所"则存在,且前者大于后者,即该因子的表现性显著低于重要性,其质量有待进一步提高。

本文认为,现阶段大部分访客进入站点咨询的时间较短,或询问简单问题,或仅取阅资料。但随着咨询中心服务范围的延伸及自驾游市场的扩大,访客会对站内休息场所的环境愈加重视,所以在条件允许情况下,可优先考虑提升其质量。

位于第四象限"改善重点区"内的因子仅有"引导设施设置"。根据IPA分析法原理,可解释为访客认为咨询中心引导设施的设置极其重要,但其表现却并未令访客满意。结合配对比较检验结果,该项的重要性和表现性平均值存在显著性差异,且前者大于后者,说明引导设施的设置是重点改进的对象。据实际调研情况,主要存在有些站点未在沿途设立引导标牌、有些则指示不明等问题。

2. 服务内容IPA定位分析

数据显示,该项8个因子的重要性总平均值等于4.36,表现性总平均值等于4.07。因此,8个指标分别落在以重要性总平均分值为横坐标、以表现性总平均分值为纵坐标、坐标原点为(4.36,4.07)的四象限图中(见图8)。

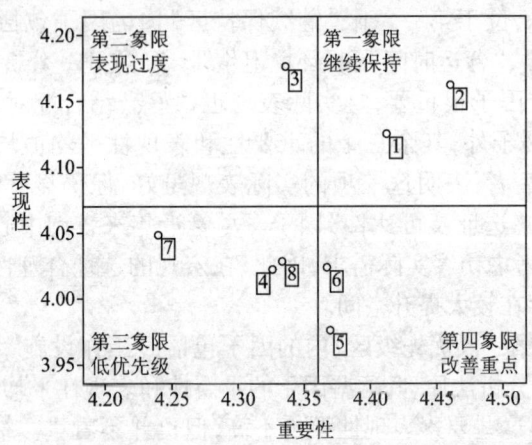

图8 服务内容IPA定位分析

注:1.宣传资料内容;2.宣传资料更新;3.宣传资料分类;4.宣传资料语言版本;
5.查询机运行与操作;6.查询机系统;7.旅游产品展示;8.旅游产品质量及价格。

如图8所示,位于第一象限"继续保持区"内的因子包括:"宣传资料内容"和"宣传资料更新"。根据IPA分析法原理,表示为访客认为这两个方面很重要,且实际表现也很好。结合配对比较检验结果,两个因子的重要性和表现性平均值均存在显著性差异,且前者大于后者,表明咨询中心应进一步丰富宣传资料内容,保证信息质量和时效性。

位于第二象限"表现过度区"内的因子仅有"宣传资料分类"。根据IPA分析法原理,这两个因子相对而言并不重要,访客的感知却较好。结合配对比较检验结果,该项的重要性和表现性平均值存在显著性差异,且前者大于后者。由此表明,该因子虽表现较好,但仍未满足访客需求,有待进一步改善,尽管访客对此并不看重。

位于第三象限"低优先级区"内的因子包括:"宣传资料语言版本"、"旅游产品展示"和"旅游产品质量及价格"。根据IPA分析法原理,这些因子的重要性和表现性平均值都相对较低,说明虽然访客对这些要素的表现性评价不高,但也并不重视。结合配对比较检验结果,这三项的重要性和表现性平均值均存在显著性差异,且前者大于后者,表明这几个方面的实际表现未满足访客需求,尚有提升空间,虽然它们相对而言并不重要。

位于第四象限"改善重点区"内的因子包括:"查询机运行与操作"和"查询机系统"。根据IPA分析法原理,可解释为访客认为这两个方面极为重要,但实际表现却较差。结合配对比较检验结果,两项的重要性和表现性平均值均存在显著性差异,且前者大于后者,说明查询机的运行与操作和系统的内容与功能是重点改进的对象。据实际调研情况,导致查询机表现性较低的原因包括设备未正常运行、系统内容和功能有限等。

作为信息依赖性极强的旅游业,借助电子化设备查询信息对于访客而言是相当重要的。若设备可正常使用,且内置为可满足访客个性化旅游需求的系统,一方面可方便访客进行自助信息查询及享受其他旅游服务,另一方面可缓解在高峰期由于站点工作人员数量不足而导致服务质量下降的困境。经调研,现全市咨询站点查询机所配系统主要包括"畅游北京"系统和景区介绍系统(主要应用于景区内)。但"畅游北京"系统中关于景点、旅游辅助产品等内容的介绍比较简单,交通路线查询、优惠券等因大部分设备的打印功能尚未实现而大大降低效用。咨询中心应充分利用信息化自身优势和网络化交流平台,使自助查询设备的作用被最大限度地发挥,并与人工服务相辅相成。此外,由于国内访客多倾向于人员咨询,中心管理者可考虑增设查询机使用说明和功能介绍等展板,引导并培养访客自助查询习惯,从而提高查询机利用率,充分体现信息化优势。

3. 服务人员 IPA 定位分析

数据显示,该项 8 个因子的重要性的总平均值等于 4.45,表现性的总平均值则等于 4.26。因此,8 个指标分别落在以重要性总平均分值为横坐标、以表现性总平均分值为纵坐标、坐标原点为(4.45,4.26)的四象限图中(见图9)。

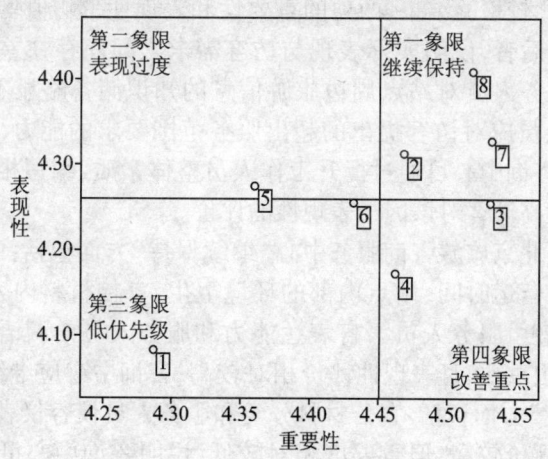

图9 服务人员 IPA 定位分析

注:1.主动问候;2.服务态度;3.业务能力;4.应对能力;5.仪容仪表;6.在岗人员数量;7.多语种服务及表达能力;8.语调语速。

如图9所示,位于第一象限"继续保持区"内的因子包括:"服务态度"、"多语种服务及表达能力"和"语调语速"。根据IPA分析法原理,表示为访客认为这三个方面很重要,且实际表现也较好。结合配对比较检验结果,三个因子的重要性和表现性平均值均存在显著性差异,且前者大于后者,表明虽然表现性评价较高,但仍显著低于重要性。因此,需加强对工作人员服务态度方面的培训和多种语言的学习。

位于第二象限"表现过度区"内的因子仅有"仪容仪表"。根据IPA分析法原理,该因子相对而言并不重要,访客的感知却较好。结合配对比较检验结果,其重要性和表现性不存在显著性差异。所以,咨询中心只要继续保持,而无须再投入过多精力。但调研小组发现,某些郊区站点的工作人员在该方面表现欠佳,亟须改善。

位于第三象限"低优先级区"内的因子包括:"在岗人员数量"和"主动问候"。根据IPA分析法原理,这两个因子的重要性和表现性平均值都相对较低,说明访客对这些要素的表现性评价不高,但也并不看重。结合配对比较检验结果,两项的重要性和表现性平均值均存在显著性差异,且前者大于后者,可解释为这两个因子的实际表现未较好地满足访客需求,有待进一步提高。

位于第四象限"改善重点区"内的因子包括:"业务能力"和"应对能力"。根据IPA分析法原理,可解释为访客认为这两个方面十分重要,但表现却较差。结合配对比较检验结果,两项的重要性和表现性平均值均存在显著性差异,且前者大于后者,说明实际表现与访客需求之间尚存在差距。据实际调研情况,部分服务人员对站点周边旅游信息的知识储备略显不足。"应对能力"是指工作人员应对访客提出的超出服务范围要求的能力,以及应对突发状况的能力。咨询中心可通过提升工作人员整体素质、编写相关制度和规章文件等途径,提高访客对该因子表现性的评价。

综上所述,北京旅游咨询服务中心"继续保持"方面包括:中心外部标识、选址及可达性、营运时间、站点内部的环境卫生、宣传材料内容、宣传材料更新、服务人员态度、服务人员语言表达能力和服务人员语调语速。访客认为以上9个方面很重要,且表现性评价相对较高,咨询中心应继续保持,稳中有升。"表现过度"方面包括:宣传材料分类和服务人员仪容仪表。访客对这两个方面表现性评价较高,但重要度相对较低,说明咨询中心可暂勿对这两个方面再投入过多精力。"低优先级"方面包括:工作设施、访客休息场所、宣传材料语言版本、旅游产品展示、旅游产品质量及价格、在岗人员数量和服务人员主动问候。访客对以上7个方面表现性评价相对较低,但却并不看重。因此,在有条件时,可优先提升这几个方面的质量。"改善重点"方面包括:引导设施设置、查询机操作、查询机系统、服务人员业务能力和服务人员应急能力。访客认为以上5个方面十分重要,但表现相对较差。因此,咨询中心应将资源主要集中于这5个方面,以促进其质量快速提升。

(二)提升北京旅游咨询服务中心访客满意度的相关建议

通过北京旅游咨询服务中心访客满意度测评模型以及IPA分析,可发现咨询中心的总体评价较高,但某些方面的表现与访客需求存在一定差距,有待改进。基于前文分析,咨询中心可重点先完善以下几个方面:

1. 完善中心引导设施设置

据实际调研,引导设施设置存在缺失、位置选择不合理、指示不明等问题,由此导致散客因较难寻找而放弃咨询。如地理位置相对偏僻的北京西站等站点,因缺少明显引导标识,调研人员也花费了较长时间才到达。对此,咨询中心应积极与交通等相关部门合作,从访客需求角度出发,选择合理位置设立,并指示清晰、明确,从而正确指引散客到达站点。

2. 提升各站点的电子化水平

据实际调研,该方面问题主要存在两个:一是设备齐全却因各种原因未被使用或摆放位置隐蔽;二是配置系统不统一,且内容与功能不足以满足访客需求。

对此,首先,管理者应首先确保各站点查询机的正常使用,且摆放于站内明显位置。其次,针对系统不统一问题,如设立在景区和酒店内的,可考虑在"畅游北京"系统中增添本景区或酒店信息的内容链接,从而使全市系统达到相对统一,提升咨询中心整体形象,让访客在不同站点也能享受同质的信息服务。针对系统内容与功能的问题,管理者可考虑从内容丰富性、综合性和深度性等方面进行优化,使访客可通过自助查询机获得所需服务,真正实现"智慧旅游"。

3. 建立信息共享平台,提供多样化服务项目

据调研组对咨询中心明访抽样调查结果显示,可提供投诉受理和紧急救助服务的站点所占比例最高,分别为66.7%和37.5%,其余如一日游、票务预订和线路预订等所占比例均低于30%。但访客满意度调查数据显示,对于优惠券、安全救援和票务代订等服务的潜在需求较大,所占比例分别为49.5%、41%和39.7%。

因此,咨询中心应考虑优化信息网络平台,以满足访客需求为核心,拓展服务网络辐射范围,实现本区域,甚至跨区域的各站点数据资源共享,加强与旅游相关政府部门,如交通、气象部门等和各旅游企业单位的互动,为访客提

供高品质的服务体验。

4. 进一步提高站点服务质量

结合实际情况与前文分析,为较快提升咨询中心的服务质量,可从宣传资料和服务人员两方面进行。

(1)宣传资料。据实际调研,大部分站点的宣传资料多集中于景点介绍、交通地图等,对于旅游住宿、餐饮和娱乐场所等信息,各站点资料配置情况不一。作为访客获取信息的重要渠道,咨询中心应加强对其管理,以实现资源的有效利用。对此,一方面,咨询中心应尽快出台资料管理的相关文件,强化管理的规范性;另一方面,可考虑增加旅游企业的参与,丰富资料内容。对于企业而言,咨询中心因具有极高公信力,必将是其宣传产品的极佳信息渠道之一;对于咨询中心而言,资料内容的多样化将有助提升访客满意度。

(2)服务人员。因现阶段咨询中心的运营模式尚未成熟,工作人员的招聘、培训、激励和绩效考核等方面的管理仍存在较多不规范之处。如有些站点员工属于合同员工,有些则是本单位内调拨的员工;有些是志愿者,还有些(如饭店内站点)未设专人服务,由此导致员工在成长空间、薪酬等方面存在较大差异。针对以上问题,咨询中心应进一步规范服务人员管理,如依据相关文件实现对其定期检查;加强旅游知识和服务态度等方面的培训,以提高服务质量;设置更加合理的考核、激励机制,促进员工间的良性竞争,提高工作积极性等。

四、结语

经过一年努力,2011年北京旅游咨询服务中心在多方支持下,其服务质量和访客满意度均稳步提升,积极探索的多样化合作模式效果初显。但在发展进程中,咨询中心还存在一些问题亟待解决,如引导设施设置不合理、查询机利用率低、服务人员管理存在缺陷等。咨询中心管理者应参考相关专家意见及学习其他地方管理经验,尽快采取应对措施,如增强引导设施设置的合理性及指示的准确性,建立跨区域、多组织合作的网络平台,规范员工管理等,使咨询中心各项资源得到有效配置,以提高各方面质量,最大限度地满足访客需求,全面提升北京旅游公共服务水平,进而加快北京发展成为国际一流旅游城市的步伐。

北京旅游管理精细化改善促进游客满意的内在环境

鲁勇[①]

国务院发布的《关于加快发展旅游业的意见》确定了把"旅游业培育成国民经济的战略性支柱产业和人民群众更加满意的现代服务业"的战略目标,在旅游服务方式上强调"以国内游客为重点"、"突出服务大众,坚持以人为本"的原则。意见明确提出了"提高旅游服务水平。以游客满意度为基准,全面实施《旅游服务质量提升纲要》。以人性化服务为方向,提升从业人员服务意识和服务水平。以品牌化为导向,鼓励专业化旅游管理公司推进品牌连锁,促进旅游服务创新。以标准化为手段,健全旅游标准体系,抓紧制定并实施旅游环境卫生、旅游安全、节能环保等标准,重点保障餐饮、住宿、厕所的卫生质量。以信息化为主要途径,提高旅游服务效率"。

为深入贯彻落实《国务院关于加快发展旅游业的意见》(国发[2009]41号),围绕市委市政府关于实施"人文北京、科技北京、绿色北京"发展战略和建设世界城市目标,进一步推进北京市旅游产业发展,要着眼世界一流,将北京旅游业培育成为首都经济的重要支柱产业和人民群众更加满意的现代服务业,实现旅游"资源多样化、服务便利化、管理精细化、市场国际化",力争2015年实现"一、十、百、千、亿"的发展目标,即:创建国际一流旅游城市,旅游产业增加值占全市GDP的10%以上,年入境旅游收入超过100亿美元,入境游接待量超过1 000万人次,国内游客达到2亿人次。

2010年全国旅游质量提升年中,北京旅游行业的管理质量有了较大提高。2010年,中国旅游研究院在全国50个优秀旅游城市开展的游客满意度调查中,北京列第三名;今年一季度的游客满意度调查中,北京列第二名。在总结旅游管理经验的同时,认真落实2011年全国旅游监管工作会议精神和北京市人民政府关于贯彻国务院加快发展旅游业文件的意见,及时抓住旅游业

[①] 鲁勇,男,经济学博士,管理工程与科学博士后,哈佛大学肯尼迪政府学院公共管理访问学者。现任北京市旅游发展委员会党组书记、主任。

的发展契机,以创新旅游管理精细化模式为抓手,以"旅游设施规范化、岗位服务标准化、管理监督多元化"为运行机制,进一步全面提升旅游行业管理水平。

一、落实市委市政府旅游发展战略,转变管理理念

面对市委市政府提出的管理全新思路,需要不断拓展监管思路,转变监管理念,创新监管模式,不断研究新形势、探索新方法,摸索出一条符合现代服务行业实际、适应旅游发展趋势的旅游监管理念和模式。第一,建立健全北京旅游质量提升的奖励机制,设立旅游服务设施引导和奖励资金,制定系统的各业态的旅游服务设施规范和标准,狠抓服务设施建设规范落实,采取"以奖代补"等方式,推动和鼓励旅游各业态企业提升服务设施档次。目前,北京市旅游发展委员会已在景区厕所、标识牌、无障碍设施、旅游咨询站、轮椅、无线讲解器、停车场、游客服务中心及监控系统方面建设进行了尝试。第二,设立若干旅游岗位服务标准化示范基地,选择若干业态大型旅游企业进行旅游岗位服务标准化试点,逐步积累经验。目前,已选择了国旅、中青旅等旅行社,天坛、圆明园等景区开展标准化试点工作。第三,制定和完善旅游服务程序管理标准及规范,加入旅游服务过程管理的规范、标准宣传力度。目前,北京市旅游发展委员会已率先在乡村旅游、新业态、景区管理、饭店管理、旅行社管理、生态休闲区、安全管理等方面制定多个标准和规范性文件。第四,要建立和完善明查和暗访相结合、内部自查和外部检查相结合、专项检查和多项检查相结合、行业内检查和跨行业联合检查相结合的多种旅游服务质量监督检查的多元化、全方位的监管与监督的常态化机制。第五,积极推进与其他行业的合作与交流,联合制定相关标准或规范。结合旅游特点,制定北京各业态的旅游服务标准,制定规范的各业态旅游企业服务操作实施细则。

因此,以实现旅游精细化管理为根本,要以先进的理念、创新的思维,实现旅游管理的五个转变:

(一)从单一业态管理向旅游目的地管理转变

以往在旅游行业监管中过于强调旅游景区这一业态,如2007年北京市颁布实施了《旅游景区服务质量标准》,对旅游景区的服务质量进行规范。而对于其他业态的监管略显不足。旅游实际上并不仅仅是旅游景区一个环节的事情,其涵盖了"食、住、行、游、购、娱"六个基本要素,只有"六要素"全面提升,才能真正构建环境优美、服务诚信、游客满意的最佳旅游目的地。因此,要加大对其他旅游要素的监管,从单一的景区管理转变为对涵盖"六要素"的

目的地体系的管理。

(二)从重视投诉管理向旅游全过程管理转变

以往的监管比较注重对游客投诉的处理,从旅游业发展趋势来看,应构建完善的旅游服务链条,以游客接受服务的全过程监管为目标。通过规范、标准的制定,建立提供优质服务和齐全的旅游服务设施的基础保障,实现旅游服务前的监管;通过加大监管力度、增加科技监管手段运用、完善旅游服务岗位标准操作,实现旅游服务中的监管;通过增加游客反馈、调查渠道,实现旅游服务后的多元化监督。

(三)从行政监管为主向多元化社会监督转变

进一步强化和推广地方标准、规范性文件的普及力度,借鉴国外发达地区旅游监管的成熟经验,出台一系列以提升游客满意度为目标的旅游监管标准和规范,从以行政手段为主的监管向以地方标准、规范性文件为主的制度性监管转变。扩大监督途径,实现旅游监督的有效延伸,从以行业主管部门监管为主,向行业自查、互查以及游客反馈、媒体监督、第三方专业机构评价等多渠道监督方式并举转变。

(四)从单纯监管向监管与引导服务并举转变

加强政策扶持,切实引导和鼓励旅游企业提升服务设施,设立服务设施建设专项奖励资金,通过"以奖代补"等形式,对于认真执行有关规范、旅游服务设施质量全面提升的单位给予资金支持。旅游监管不仅要维护游客的合法权益,同时也要维护旅游企业和旅游从业者的合法权益。要转变工作方式,从单纯监管向"制定规范—指导检查—监督管理"转变,公平、公正地维护旅游者和旅游企业的合法权益。旅游从业人员数量众多,素质参差不齐,要建立完善的旅游从业者的岗位培训制度,服务旅游企业开展针对各级员工的岗位培训和上岗考核工作。建立有关管理制度,对于年度投诉达到一定比例的旅游企业,开展针对旅游企业主要领导的专项重点培训。开展旅游企业游客纠纷处理流程培训,组织有关专家和一线人员共同制定游客争议解决办法,为旅游企业快速解决争端提供参考。

(五)从单一部门监管向多部门联合监管转变

旅游质量的提升得益于社会整体意识的提高,其他部门出台的政策对旅游服务质量的提升也能起到好的促进作用。旅游管理涉及的部门很多,除要加强与其他行业协调外,还要实行复合监管、综合治理,如联合公安、交通、物价、工商、城管、宗教、质监、卫生、环保等部门开展跨行业、跨行政区域的联合监管,构建面向游客的、基于旅游目的地的网络化监管体系。

二、构建旅游精细化管理的常态化机制是关键

以构建国民经济战略性支柱产业和人民群众满意的现代服务业为目标，全面落实京政发[2010]28号《北京市人民政府关于贯彻落实国务院加快发展旅游业文件的意见》精神。以规范化、标准化为手段，健全覆盖旅游各要素的设施规范和服务标准体系，全面提升旅游业监管水平。通过不断创新监管理念和监管模式，建立一个符合旅游行业特点的旅游监管的常态化机制。

（一）建立完善的旅游服务质量标准体系

认真贯彻国务院《关于加快发展旅游业的意见》和国家旅游局《旅游服务质量提升纲要》的重要精神，借鉴国内外旅游服务质量监管的先进经验，进一步完善旅游各业态的服务设施建设规范和岗位服务标准及服务程序管理标准。鼓励和引导旅游企业增强质量意识和社会责任意识、制定旅游企业质量方针、编制旅游企业质量手册、探索编写旅游企业产品说明书。

（二）建立良好的旅游行业诚信服务体系

通过服务设施建设规范和岗位服务标准及服务程序管理标准的实施，通过行业定期检查、监督、评比，发挥行政监管作用，加强旅游服务质量监管和旅游投诉处理及严格旅游执法。加强旅游诚信体系建设，开展诚信旅游创建活动，制定旅游从业人员诚信服务守则，编制旅游企业诚信经营规范，探索旅游企业诚信评定。建立旅游企业诚信信息档案，定期向社会公布企业诚信情况，把诚信作为提高旅游服务质量的重点。开展公安、交通、物价、工商、城管、宗教、质监、卫生、环保等部门联合执法，共同维护游客合法权益。

（三）形成长效的旅游监管机制

创新机制，探索监管新理念、新方法，制定监管工作制度和规范，认真处理好"监管与发展、监管与服务、监管与维权、监管与执法"的关系，不断提高监管水平。建立行政监管、行业自律、社会参与的多种监管机制，实现全方位监管。制订监管工作计划并常抓不懈，将监管责任逐级分解，将旅游服务质量评价纳入各地市县管理指标的考核之中，形成旅游服务质量监管的长效机制。

（四）构建便捷的游客参与的监督体系

针对旅游行业特点，编写《北京旅游服务手册》、《北京旅游服务争议投诉指南》、《北京文明旅游手册》等，在旅游企业和旅游集散中心、咨询中心等免费发放给游客。在旅游企业中大力推广建立"旅游服务质量有奖监督卡"及

时获取游客评价,通过网站、短信、电话回访等多渠道开展旅游服务质量反馈活动。获取旅游环境、旅游从业人员接待服务态度、旅游产品价格、旅游接待设施便捷度等游客评价,并对反馈的信息加以整理归纳,不断改进旅游服务水平。大力推广12301旅游咨询和投诉电话的应用,设计统一、美观、醒目的标识,在全市范围的商业、旅游企业和旅游景区等游客集中区域进行公示。

三、推进旅游服务设施规范化建设是精细化管理的基础

(一)规范化的接待设施是提升旅游服务质量的前提

近年来,北京市相继出台了一些旅游服务设施建设规范性文件。北京市做了一些探索,陆续颁布了一系列规范性文件,指导企业改善整体环境,使旅游交通环境、道路、停车场、厕所、无障碍设施、游客中心、标识系统等基础设施得到了明显提升。比如:为给残疾人游客提供更便利的旅游环境,出台了《北京市旅游景区无障碍设施建设与改造实施办法》;《北京市A级景区游客服务中心建设和管理规范》(试行)、《北京市A级景区导览标识设置规范》(试行)的颁布,规范了各地A级景区的设施标准,使景区游览环境和服务水平有了较大提升;为加强景区安全监管,出台了《A级景区监控系统设置规范》(试行),对景区的安全监管的软硬件建设提出了全面要求;对于宾馆饭店行业,颁布了《星级饭店无障碍设施规范》、《星级饭店安全监控系统建设规范》等;乡村旅游是北京市旅游的重点发展方向之一,近年来做了大量工作,通过颁布和实施《北京市生态休闲旅游区评定规范》、《北京市郊区民俗旅游村评定标准》(试行)、《北京市民俗旅游接待户评定标准》(试行)、《乡村旅游特色业态标准及评定》DB11/T 652等一系列规范,引导乡村旅游的健康发展。除此之外,对其他要素的规范也在同步进行,近年来陆续颁布实施了《北京市旅行社等级划分与评定》等一系列地方标准和规范性文件,引导和规范旅游服务提升。为了使旅游资源全面发展,近期还出台了《红色旅游景区评定规范》(试行),红色旅游从此走上了规范化发展的道路。

同时,将要在总结监管工作经验的基础上,狠抓服务设施规范的落实,认真梳理已有的相关规范(包括国家或其他部门制定的涉及旅游行业的标准和规范),着手制订旅游各业态的服务设施建设规范的起草计划并组织实施。比如:将重点出台规范旅游景区的《北京生态休闲度假区服务设施建设规范》、《北京A级景区解说系统建设规范》(试行)等、《北京旅游景区无障碍设施建设规范》等,规范旅行社行业的《北京旅行社门市服务设施建设规范》,规范乡村旅游的《北京乡村旅游公共服务设施规范》,规范红色旅游的《北京红

色旅游景区服务设施建设规范》。要通过针对旅游业各要素的公共设施和服务设施规范建设，确保旅游服务质量得到全面提升。

（二）规范的设施要求是旅游市场准入机制的具体抓手

从旅游行业的规模和管理水平看，旅游业涉及的行业比较多，企业规模和水平相差比较大，既有大型骨干企业，也有中小型企业；既有城市的，也有乡村的；既有国有控股的，也有民营的。从旅游服务质量来看，这些不同业态、不同规模、不同区域、不同性质的旅游企业的服务设施与游客需求仍然存在一定差距。因此，为保证旅游服务质量，必须建立旅游业各业态的准入机制，从源头杜绝服务设施不达标的企业从事旅游接待。从目前的法规来看，审批和备案制是行不通的，但可以以达标并颁牌和公示的方式告知所有的旅游者。要强化旅游行业的基础设施规范建设，使其成为旅游市场准入机制的具体抓手。

（三）规范的基础设施是旅游行业转型升级的重要条件

旅游客源市场的多样性，也决定了旅游基础设施的多样性。因此，服务设施建设规范的制定也应该分层级、有弹性，不能一刀切。近年来制定的旅游景区及乡村旅游系列服务设施建设规范等都充分考虑了不同实力的旅游企业和旅游企业发展的不同阶段的差距，制定了不同档次的建设标准，既满足了游客的不同需求，又为旅游企业提供了清晰的发展方向。通过旅游设施建设规范的引导，可以支持国内外大企业参与服务设施落后的旅游企业的改组、改造、重组，优化旅游业组织结构，用大企业、大品牌带动市场规范发展，催生新的、大的旅游品牌，建成一批具有竞争能力的旅游企业，促进旅游行业的转型升级。

四、实现旅游业标准化管理是精细化管理的有效措施

（一）服务标准化是旅游者满意的有效保障

通过标准化的岗位职责和服务，创建旅游服务品牌，这既是竞争的需要，也是旅游目的地可持续发展的需要，更是提高游客满意度的有效保障。

（二）管理标准化是旅游业发展的技术支撑

提高旅游服务质量，旅游标准化发挥了重要作用。2010年9月，全国旅游标准化工作会议召开，在全国范围内全面启动旅游标准化试点工作。各地近年来不断探索创新，以标准化引领旅游产业转型升级，开展了大量工作。北京市近年来已经在旅游各业态中建立了一系列促进岗位服务提升的地方

标准,开展了有益尝试。例如,在旅游景区实施《旅游景区服务质量标准》(DB-11/T473—2007)、《北京市等级旅游景区安全管理规范》、《"一日游"服务质量规范》等,编辑出版了《北京市A级旅游景区管理实务》专业书籍;针对旅行社、宾馆饭店行业颁布了《旅行社等级划分与评定标准》、《北京市旅行社安全管理规范》(京旅发[2008]68号)、《北京市旅游星级饭店安全管理规范》、《北京市星级饭店(社会旅馆)服务质量检查标准》(京旅发[2008]42号)、《星级饭店服务质量标准》(DB11/T187—2003)、《住宿业服务质量标准与评定》(DB11/T357—2006)等。这些程序管理的标准化将促进旅游企业加强旅游服务前期、中期及后期的管理,对科技创安、基础设施的完善具有引导作用,是旅游企业发展的技术支撑。

(三)服务过程标准化是精细化管理的重要手段

要在总结旅游业标准化建设的经验基础上,结合国家旅游局标准化试点工作,继续完善相关国家标准的制定,主要包括:制定《旅游景区服务质量标准》进一步规范旅游景区服务,制定《旅行社服务质量规范》、《旅行社组团服务质量规范》、《旅行社接待服务质量规范》、《旅行社领队服务质量规范》、《旅行社导游服务质量规范》等规范旅行社服务质量,涉及乡村旅游的《乡村旅游服务质量规范》等,涉及红色旅游的《红色旅游服务质量标准》等,以及《人力观光车服务规范》、《自行车租赁服务规范》、《特种旅游交通服务规范》、《旅游演艺场所规范》、《旅游购物场所设施与服务规范》、《旅游纪念品经营规范》等。

旅游行业管理部门将与专业机构和各行业骨干企业一道,编制《北京旅游景区服务质量规范指导手册》、《北京宾馆饭店业服务质量规范指导手册》、《北京旅行社服务质量规范指导手册》、《北京乡村旅游服务质量规范指导手册》等。

五、探索旅游精细化管理的多元化监管体系

多元化的监管是旅游精细化管理的有效延伸。从监管的职责上看,旅游精细化管理可能涉及旅游、公安、交通、物价、城管、工商、宗教、质监、卫生、新闻等多个部门;从监管与监督的内容上看,随着旅游产业的快速发展,各种旅游新业态、新形式不断涌现,旅游主管部门单一的行政监管方式往往会滞后,已经不适应旅游业快速发展的需要,需要将行政监管有效延伸,利用全社会的监督力量,调动媒体、专业机构等共同参与;从监管与监督的目的来看,服务质量监管的根本目的是提高广大游客的满意度,因此只有更多地倾听游客

意见，才能使旅游监管落到实处，真正起到应有的作用。多元化的旅游服务质量监管与监督体系除了要发挥行政部门的主导作用，实施旅游行政部门的监管，建立健全旅游服务质量规范和标准体系，明确市、区县旅游部门分工责任，提高监管效能，定期向社会公示旅游服务质量监管公告外，还要摸索建设旅游精细化管理的社会化、多元化的监督体系。

（一）认真开展旅游企业等级评定和复核工作

在全市星级饭店、A级旅游景区、A级旅行社、市级民俗村（户）、新业态、生态休闲度假区深入开展等级评定和复核工作，强化全市旅游企业管理标准，规范旅游行业队伍建设，提升旅游企业自身形象，通过等级评定和复核监管方式，提高旅游企业管理和服务水平。

（二）开展自查与互查的行业自我监督

发挥旅游行业协会和旅游企业自身在提高服务质量方面的重要作用，完善和推动旅游行业各业态协会的建立，鼓励各类行业协会更好地发挥行业自律，提高所有旅游企业和所有旅游行业员工的服务意识，提高整个行业的自律水平，推进旅游服务质量不断提高。第一，开展自查和互查，在各旅游行业各业态分会中划分一定小组，开展各组内部的自查与小组之间的互查，相互促进，共同提高；第二，建立旅游产业链之间和与旅游有关的平行部门之间的协调机制和互动机制，实现全行业的协调互动监督；第三，在旅游各业态之间开展学习、借鉴、交流及服务质量监督活动，提高本市旅游行业的整体水平。

（三）进行第三方评价的游客满意度调查监督

聘请专业的第三方机构，对旅游目的地、旅游企业，开展公开、公正、公平的独立调查。2011年已聘请中国旅游研究院对北京16区县旅游目的地的旅游服务质量进行专业的调查评价，每季度公布一次"游客满意度"调查结果。

（四）利用媒体进行社会监督

与全市平面或网络媒体等合作，起公众监督和宣传推广双重作用，通过媒体监督、评选和公布结果，开展游客最满意的旅游景区、游客最满意的旅行社、游客最满意的导游员、旅游系统服务标兵、游客最满意的宾馆饭店等评选活动。

（五）开展社会诚信评定活动监督

针对旅游行业特点，主动联系其他有关部门，开展联合检查，提高监管的效率。联合工商、物价等部门，开展旅游服务诚信经营单位评比活动，对评比出的企业颁发诚信标识。

（六）吸引游客参与监督

优化旅游消费环境，努力建立以游客评价为主的对旅游企业服务质量评价机制。扩大游客对旅游服务质量的监管渠道,采用多种方式、创新各种便利手段,吸引更多的游客参与服务质量评价。比如:在宾馆房间放置邮资后付的饭店服务质量监督卡,游客填写后直接寄给相关旅游管理部门;在游客与旅行社签订旅游合同时发放旅行社服务质量监督卡,供游客得到服务后填写寄给相关旅游管理部门;在景区游客中心发放景区服务质量调查表,游客可填写后邮寄给旅游行政管理部门或投入景区专门设立的回收装置,由旅游行政监督管理部门定期回收;在各级旅游部门官网上建立专门的旅游服务质量的监管反馈平台;与电信部门合作,在指定景区或旅游企业采用发送短信形式,开展旅游服务质量调查。

（七）聘请精细化管理监督员特约监督

聘请旅游服务质量社会监督员,对本区域旅游企业进行特约监督。如:2010年聘请义务监督员对旅游景区服务质量进行监督,2010年景区游客投诉率同比下降22.8%。2011年,又聘请了景区服务质量义务监督员,实施特约监督。

总之,要通过监督多元化促使企业完善服务设施,提高服务水平,了解游客的需求。

随着我国人均收入水平的不断提高,旅游已经成为了人民群众生活的一个重要组成部分,旅游业也将成为北京市国民经济中最为活跃、最有生机的战略性支柱产业,对于扩大内需、调整产业结构、促进社会和谐发展起着重要的作用。同时,为实现把旅游业建成人民群众更加满意的现代服务业这一目标,对旅游精细化管理也提出了更高的要求。

提高旅游行业的整体精细化管理水平是旅游行业的永恒主题,也是实现人民群众满意的出发点和落脚点。近年来,经过北京旅游战线广大职工的共同努力,旅游精细化管理已经有了长足的进步,但是也应该清醒地认识到,旅游精细化管理提升的步伐与人民群众的期待仍然存在一定的差距,整个旅游业态的服务质量意识、服务品牌意识水平仍有待提高。因此,提高旅游精细化管理水平是一项长期的、艰巨的战略任务,作为行业主管部门来说,也必须不断研究新形势,解决新问题,通过运用创新的思维、务实地工作,切实加强旅游服务质量的监管,全面提升北京旅游行业管理水平。

北京旅游环境与公共服务建设的实践与创新

安金明①

为加快贯彻落实《北京市人民政府关于贯彻落实国务院加快发展旅游业文件的意见》和北京旅游要实现"资源多样化、服务便利化、管理精细化、市场国际化"的目标,落实好国家旅游局"十二五"公共服务发展规划,北京市旅游委正式发布了《北京市旅游环境与公共服务体系三年建设指导意见》,并将2012年列为旅游环境与公共服务提升年。该意见围绕北京建设世界一流旅游城市的目标,力争再用3年(2012—2014年)时间,初步建立信息化、便利化、智慧化、规范化的北京旅游公共信息服务体系、旅游安全保障体系、旅游交通便捷服务体系、旅游惠民便民志愿者服务体系、旅游知识普及与旅游责任教育体系、旅游环境保护和旅游好客环境体系、旅游环境与公共服务监管与评价指数体系、旅游环境与公共服务建设规范及标准体系八大体系。

一、明确指导思想,强调四个融合

旅游公共服务体系建设作为打造国际一流旅游城市这一目标实现的重要内容,近年来,北京高度重视旅游公共服务建设,强调旅游公共服务的四个方面融合。

(一)旅游公共服务与社会公共服务相融合

在一些世界城市,社会公共服务和旅游公共服务之间没有明显的界限。在这些地方,没有所谓的单个为旅游者提供的服务,都是一种社会的公共服务。北京需要依托社会资源实现整合,通过政府统筹,摆脱行业和部门利益,整合社会公共服务资源,拓宽旅游公共服务供给渠道,实现旅游公共服务最大化。北京市旅游发展委员会在具体工作中主要做好三个结合:一是与国家

---

① 安金明,男,1965年出生,管理学博士,高级经济师,民建会员,民建中央联络委委员,北京市旅游发展委员会副主任。近年来主要从事旅游环境与公共服务建设管理、旅游行业管理、旅游政策法规建设、旅游教育培训工作等。

公共服务政策体系结合,落实国家旅游局"十二五"公共服务发展规划,优化发展环境;二是与政府职能转变和机构改革结合,成立旅游环境与公共服务处,理顺部门职能;三是与旅游业态创新和服务创新结合,开辟公共服务工作新领域。

除有特殊要求的场所外,北京市的一切资源都应成为旅游资源,推动有条件的社会单位设立旅游开放日。在城市的规划与建设中注入旅游元素和公共服务元素,开展按照城市常住人口及常态旅游人数相结合的基础指标确定城市公共服务设施规划指标的改革试点工作,新建的公共建筑要增加旅游服务设施和观光通道。

(二)旅游软件公共服务与旅游硬件公共服务相融合

目前,北京市支持鼓励的旅游环境与公共服务除了集散中心、旅游导识、旅游公厕、停车场这些配套设施等硬件公共基础设施外,还有以下几个方面:旅游公共信息系统、旅游安全救助系统、民众旅游科普系统、旅游专业教育系统、旅游公益事业系统,以及旅游公共服务监管系统,而其中的旅游公共信息、旅游安全救助、民众旅游科普、旅游专业教育、旅游公益事业正在成为北京旅游新型公共服务的主要内容。

北京市在努力提升旅游公共服务的信息化、便利化水平,同步推进旅游咨询体系、旅游集散体系、旅游标识体系、旅游交通体系建设。加大游客手机短信提示,在社会旅馆、三星以下酒店及列车视频系统和户外电子显示屏面向公众播放提示信息。积极推进旅游咨询中心建设,积极健全重大突发公共安全事件中旅游应急救援保障体系。

(三)旅游公共服务供给的市场与非市场相融合

按照一般的理解,旅游公共服务体系应该包含市场供给和非市场供给(或称社会供给)两部分,其中非市场供给部分应当由政府主管部门来主导。北京市旅游委结合旅游市场化的特点和程度,培育与之对应的公共服务平台。首先,大力培育扶持自主独立的行业协会,有条件的可以发展成为公共服务组织,承担相应的任务,如北京旅游志愿者联合会、北京旅游协会等;其次,在宣传促销、安全保障等领域尝试政府和非政府组织、企业合作,把一些专业性的服务外包,通过政府招标采购,实现公共服务;最后,直接面向市场的市场评估、信息收集和发布等公共服务,可以采取有价补偿机制,政府与企业的经营活动结合,形成市场化的准公共服务生产和供应机制。因此,北京市旅游委重点从发挥旅游产业综合功能入手,围绕公共服务均等化的主要领域,优化在环保、健康、文明和安全等方面的资源配置,加大对拉动内需、扩大就业等关系民生领域的服务力度,树立旅游行业公共责任形象。

(四)旅游公共服务建设的行政服务与企业主动相融合

北京市旅游委确定了2012年北京市旅游环境和公共服务"六个一"重点工作:办好一件实事,制定一批规范,开展一批规划,举办一系列公益活动,推动一批旅游公共服务设施建设,实施一批奖励支持。

各区县旅游局重点抓好"十个一"旅游环境与公共服务工作:推出一张区县旅游导览图,新建一批旅游导览标识,建设一批旅游集散中心(站),改造一批旅游公共服务设施,编辑一本区县旅游故事,改造提升一个旅游示范乡镇或街道,改造提升一个示范旅游景区,规范壮大一支志愿者队伍,举办一批旅游公益服务活动,建立健全一套旅游应急投诉和应急救助体制。

A级景区等业态重点抓好"十个一"旅游环境与公共服务工作:推出一张旅游导览图,设置一块5种语言文字全景牌,改造一批旅游厕所,完善一个游客中心,开通一条无线宽带网,建设一个自助导览系统,开发一种特色旅游纪念品,建立一支志愿者队伍,完善一批旅游标示牌,编辑一套旅游景区故事。

二、开展系列的旅游环境与公共服务建设的创新性实践

近年来,按照国家旅游局的要求和北京市政府的部署,北京市旅游主管部门就旅游环境与公共服务建设开展了一系列工作,进行了一些创新性实践。

(一)制定和发布了旅游公共服务设施建设规范及标准

制定和发布了《北京市A级旅游景区导览标识设置规范》、《旅游服务中心建设规范》、《旅游咨询站服务标准》、《旅游景区(饭店)监控系统建设规范》等20多项旅游环境与公共服务建设规范及标准并积极组织推广。

(二)依托政府办实事提升旅游公共服务设施功能

开展旅游景区标识改造及旅游区道路标识建设。组织推进主要A级旅游景区内标识牌建设,涉及4A级等重点景区城区环路、主干道及支线增设旅游区交通标志牌。

建设北京旅游综合信息服务系统。推动形成融食、住、行、游、购、娱、演、展八要素为一体的包括北京市旅游官方综合门户网站、业务系统和资源数据库的旅游综合信息服务系统。

完善5种文字景区全景牌。通过北京市政府为民拟办的重要实事,为全市重点旅游景区配装中、英、日、韩、俄5种文字全景牌。

建立野外山区应急救援辅助定位系统。设置了国际上先进的山区景区

野外应急救援太阳能辅助定位灯标 131 处;在重点 A 级景区边缘地带安装了安全防护网,设立警戒忠告牌、安全提示牌、导向指引牌 1 354 余块。

为 A 级旅游景区配备轮椅。通过实施北京市政府为民拟办重要实事,为全部 A 级旅游景区配备方便残障人士、老年人游览的轮椅 1 622 台。

为 3A 级以上旅游景区配备安全标识牌 19 080 块、无线讲解器 1 100 套,改造重点 A 级旅游景区及游客集散聚集地旅游厕所 50 个。

(三)全面推动各旅游业态旅游环境与公共服务建设

引导旅游企业改造建设并完善旅游服务设施及功能。陆续推进 3A 级(含)以上旅游景区规范停车场、厕所、购物、餐饮、公共电话、医疗急救、安全警示、服务质量投诉、游客服务中心、游览线路等场所的标识系统建设,采用科技手段,净化景区游览环境,倡导并奖励支持 4A 级(含)以上景区配备使用无线无噪声讲解系统 2 162 台,同时带动各旅游景区自行新增 5 000 台团队无线无噪声讲解器或自助导览机。

(四)启动北京智慧旅游建设

2011 年 10 月,北京市旅游发展委员会与北京移动通信公司签署了北京市智慧旅游建设发展战略合作协议,北京将在未来 3 年内配齐一张屏(触摸屏),建好两个网(无线宽带网和北京旅游信息网),开发三个系统(自助导游讲解系统、城市自助导览系统、网络虚拟旅游系统),推进四个智慧(智慧景区、智慧酒店、智慧旅行社、智慧乡村)建设,实现五项服务(一卡旅游通服务、北京礼物网上购物服务、网络旅游游戏娱乐服务、来京旅游手机短信提示服务和北京旅游手机报服务)。

(五)以服务民生为导向提升旅游环境软实力

确定了故宫博物院等 115 个 A 级旅游景区实施优待老年人政策,对 65 周岁以上老年人免收门票费,或提供一定的优惠。倡导全市 A 级旅游景区一律对残疾人免门票开放。此政策执行以来,北京市旅游委加强对 A 级旅游景区的指导和技术支持,指导景区进一步完善残疾人坡道等服务设施,加强对残疾人的提示和引导,确保残疾人在游览景区时的安全。同时加强对工作人员进行哑语等残疾人服务技能培训,扩大景区为残疾人服务的范围和功能,使残疾人免票政策的各项配套措施落实到位。

(六)设立专项资金引导业态主体完善公共服务设施

北京市旅游主管部门累计投入配套扶持、奖励资金约 2 亿元,引导旅游景区和乡村旅游等业态投入配套建设资金约 36.98 亿元,提升旅游环境与公共服务设施水平。

三、规划未来3年旅游环境与公共服务建设指导意见

2012年,根据《北京市人民政府关于贯彻落实国务院加快发展旅游业文件的意见》(京政发〔2010〕28号)的要求和北京市旅游产业发展大会的部署,北京市旅游委在专题调研、专家论证、广泛征求市政府相关部门和各区县意见的基础上,制定了《北京市旅游环境与公共服务体系三年建设指导意见》。该意见的出台,顺应了北京市旅游经济发展和社会进步的大趋势,是北京市旅游委积极贯彻党的十七大提出的改善民生、加快公共服务建设要求的重要工作部署,也是践行科学发展观、转变政府职能、建设服务型政府的重要内容。

(一)确定了旅游环境与公共服务建设八大体系目标

北京市旅游环境与公共服务建设八大体系见前文,此处不再赘述。

(二)明确了3年旅游环境与公共服务建设的20个类别

开展北京智慧旅游城市全国试点工作,建设公共服务信息平台及旅游信息实现传播渠道多元化,完善旅游安全保障体系及开展风险评估,形成完整的旅游集散体系建设指导方案,推动旅游全过程的多项便民惠民服务设施的全覆盖,逐步完善志愿者服务长效机制,建立旅游行为知识和旅游责任知识的普及机制,推动和形成社会普及旅游知识的机制,编制北京市旅游环境保护优化规范,开展公共服务设施建设规范研究及推广,建立居民和游客参与的旅游环境与公共服务监督机制和评价机制,编制出台《北京市旅游环境与公共服务建设规范与标准》等20个类别。

(三)制定了3年旅游环境与公共服务60项建设项目

制定北京智慧旅游顶层设计及三年行动计划和实施项目;完善全覆盖的旅游安全保障措施;制定本市旅游目的地风险评估预警办法与措施;建立专业化与社会化、政府救助与商业救援相结合的旅游应急救援体系;研究并出台有关从集散中心到集散站的交通枢纽、从集散站到旅游景区集散网点的指导方案;推动本市城区及主要旅游景区点之间的旅游公共交通的逐步完善;推动北京市观光巴士的开通;推动对特殊群体免费或优惠在本市各旅游景区、博物馆、公共游憩区等的全覆盖;实现对特殊群体无障碍设施的全覆盖;积极沟通相关部门与企业,推动旅游全过程的通信、邮政、金融、医疗、环卫等便民服务设施在本市主要景区的全覆盖;在全市旅游行业开展"北京旅游服务"公益流动课堂培训;建立起节假日和重大节事活动时的志愿者服务团队;发动旅游研究与教育部门,积极动员大众传媒,共同建立旅游知识的普及机

制;鼓励社会编写与出版北京旅游知识读物;编写《简明旅游知识手册》;编制并出台《北京市旅游环境保护规范》;编制并出台《北京市旅游目的地生态环境规范》;编制并推广《北京市旅游企业环境保护行为准则》;编制并推行《北京市旅游者环境保护行为准则》;开展旅游软环境分析和旅游好客度调研;宣传践行"北京精神",制订营造和谐好客的北京旅游服务的方案;推动各区县旅游主管部门有关旅游环境与公共服务的专项和专职管理;建立旅游环境与公共服务的监督员体系;实施开展有关旅游环境与公共服务的抽样调查;建立社会对区县旅游环境与公共服务评价机制和方法,定期发布排名;建立游客等对 A 级旅游景区旅游环境与公共服务的评价办法,并定期发布排名;建立逐级负责的旅游环境与公共服务达标检查制度;建立北京旅游环境与公共服务研究中心;总结和推广旅游环境与公共服务建设和管理的好经验好办法;编制出台《北京市旅游环境与公共服务建设规范与标准》;推动落实各规范与标准建设的以奖代补政策及措施等 60 个项目。

四、积极推进 2012 年旅游公共服务提升年项目建设

(一)推进北京智慧旅游规划及落地项目建设

制定北京智慧旅游行动计划纲要(2012—2015)和实施项目;制定智慧景区、智慧饭店、智慧旅行社、智慧旅游乡村建设规范和开展推广建设,并将在各业态通过达标以奖代补方式进行推广;建立智慧旅游联盟,开发旅游景区自助导游软件系统,鼓励旅游景区配置自助导游机;开展旅游公共信息发布终端设施建设,购置触摸屏配发 A 级旅游景区和星级饭店,并实现无线宽带网工程(WLAN)全覆盖。

(二)完善旅游安全应急救援保障体系

继续开展山区野外应急救援太阳能灯标改造与建设;完善旅游安全保障体系及风险评估;完善覆盖全市游客的旅游安全保障措施;制定本市旅游目的地风险评估预警办法与措施;建立和落实旅游企业的旅游安全责任制;建立旅游活动组织者旅游安全责任制。

(三)形成旅游交通便捷服务网络

制定北京市旅游集散体系建设规划;支持北京西南、北京京西、北京京南、北京西北等旅游集散中心信息化及旅游公共服务设施建设,支持各区县编制旅游集散中心、集散站以及网点建设发展规划;推动北京市观光巴士的开通;进一步完善旅游区交通标志牌建设。

(四)实施一系列旅游惠民便民志愿者服务

对 A 级旅游景区厕所进行示范性改造(其中 60 个厕所改造列入 2012 年市政府为群众拟办重要实事)。

在 198 家 A 级旅游景区开展 5 种文字全景牌建设。

在重点 A 级旅游景区和市级民俗村开展旅游环境与公共服务设施整体提升示范建设。

在全市旅游行业开展"北京旅游服务"公益流动讲座。

进一步完善全市及各区县旅游志愿者服务招募机制,制定志愿者服务管理办法,建立旅游公共服务的志愿参与机制。

创新开展系列旅游服务进社区主题公益活动。招募确定一批品牌型旅行社与社区对接,利用《北京社区报》开展旅游宣传报道,开展"旅游社区知识大讲堂"活动。

(五)创新旅游知识普及和旅游责任教育与辅导模式

推动社会各界普及旅游知识;鼓励编写与出版旅游知识读物;鼓励广播电视和网络专题频道传播旅游知识;编撰《简明旅游知识手册》。

(六)建立和形成旅游环境保护和旅游环境优化理念

编制并推广《北京市旅游企业环境保护行为准则》、《北京市旅游者环境保护行为准则》,开展旅游软环境分析和旅游好客度调研。

(七)开展旅游环境与公共服务的行政服务评价排名

建立常态机制,开展对区县和 4A 级景区旅游环境与公共服务"六个更加"评价,定期发布排名;建立北京旅游环境与公共服务研究中心;推动各区县旅游主管部门建立旅游环境与公共服务的专项和专职管理体制机制;推动各区县政府加大对旅游环境与公共服务建设的财政投入;总结和推广旅游环境与公共服务建设和管理的好经验、好办法。

(八)完善旅游环境与公共服务建设规范及标准体系

开展旅游各业态公共服务设施普查工作;编制出台《北京市旅游环境与公共服务建设规范与标准》手册;除现有公共服务硬件外,建设规范制定出台智慧景区、智慧饭店、智慧旅行社、智慧旅游乡村旅游建设规范,制定旅游信息触摸屏建设、城市自助导览系统建设、旅游景区自助导游器建设、网络三维虚拟游览系统建设、旅游景区讲解词编写、北京市旅游服务进社区服务提升引导等规范。

五、对建设北京国际一流旅游城市产生深远的影响

《北京市旅游环境与公共服务体系三年建设指导意见》和《北京智慧旅游行动计划纲要（2012—2015）》的实施，将对北京旅游经济发展、旅游产业发展、旅游行业管理、旅游企业经营和旅游公共服务等方面产生积极深远的影响，特别是对北京建设国际一流旅游城市产生积极深远的影响。

（一）实现旅游基本公共服务均等化，促进和谐社会建设

北京旅游公共服务将逐步扩展到整个社会，逐步解决旅游产业发展过程中旅游公共服务发展相对滞后、总量供应不足、公共投入不足和分配不平衡的问题。建立完善的、符合北京市情的、比较完整的、覆盖城乡的、可持续发展的北京旅游公共服务体系。大幅度提高北京市旅游环境与公共服务建设质量、效益和总体发展水平，进而促进社会公平公正、保障民生，构建和谐社会。

（二）实现旅游公共服务便利化，让游客更加满意

随着三年建设指导意见的实施，将增加旅游公共服务的有效供给，推动旅游管理的精细化，实现中外旅游者和市民在北京"出行更加快捷，停车更加方便，食品更加卫生，商品更加丰富，投诉更加有效，游玩更加开心"的目标。通过旅游交通便捷服务体系的建设，基本形成从交通枢纽到集散中心、区域集散站及旅游景区网点的集散系统。旅游交通标志系统化、规范化，自驾游交通配套服务系统基本形成，让游客更加满意。

（三）实现旅游智能化，智慧北京将插上腾飞的翅膀

通过《北京智慧旅游行动计划纲要（2012—2015）》的实施，基本配齐一张屏，建好两个网，开发三个系统，推进四个智慧业态，推出五种服务，将实现景区等旅游供应环节的服务信息、节假日旅游市场信息发布的全面性与准确性，实现本市旅游目的地安全风险信息发布的及时性，实现传播渠道的多元化、信息覆盖的广泛性与游客信息获得的方便性，为智慧北京打下坚实基础。

（四）实现旅游安全体系化，让安全旅游体现在各个环节

基本建立覆盖全市的国内游客、入境游客、出境游客的旅游安全保障体系，包括旅游目的地风险评估预警系统、旅游企业安全保障责任制以及专业化与社会化、政府救助与商业救援相结合的旅游紧急救援系统和旅游保险保障系统，实现企业安全经营，游客安全旅游。

（五）实现便民措施多样化，让游客享便民惠民志愿服务

通过旅游惠民便民志愿者服务体系的建设，开展旅游进社区活动，实现对特殊群体免费或优惠在本市各旅游景区、博物馆、公共游憩区等的全覆盖；基本实现对特殊群体旅游无障碍设施的全覆盖；建立健全全市覆盖旅游全过程的通信、邮政、金融、医疗和环卫等便民服务设施。

（六）实现旅游知识普及化，游客将会智慧旅游

通过旅游知识普及与旅游责任教育体系的建设，促成每年至少一次有关旅游基本常识、旅游购物知识、旅游安全知识、旅游者责任知识、旅游经营者责任知识的全市大普及活动的开展，鼓励旅游知识读物的编写出版与传播，并向旅游者和旅游经营者免费发放以上相关内容的简明知识手册，让游客更有智慧地旅游。

（七）实现旅游经营规范化，强化旅游社会责任

通过旅游环境保护和旅游好客环境体系的建设，研究旅游开发评价制度，并出台《北京市旅游环境保护规范》、《北京市旅游目的地生态环境规范》、《北京市旅游企业、旅游者环境保护行为准则》等规范；践行"北京精神"并将其内化为行业从业人员和谐友善的精神面貌，形成好客的旅游消费氛围以及旅游经营与环境保护的有效互动，促进旅游软环境的优化。

（八）实现公共服务评价常态化，保证旅游行政服务更及时

通过旅游环境与公共服务的监管与评价指数体系的建设，建立各区县旅游目的地形象、旅游交通、城市环境、旅游餐饮、旅游购物的公共服务配套、市场秩序、当地居民态度等项满意度指标，从质量方面考量旅游经济运行状况，督促旅游各业态改善和提高服务质量，推动管理部门提升旅游环境与基础设施建设管理水平。

（九）实现旅游公共服务标准化，引导各方规范建设

通过旅游环境与公共服务建设规范及标准体系的建设，制定出台统一的便于执行和衡量的旅游环境与公共服务建设规范，提出有关旅游环境与公共服务的建设、管理和奖励的规章与办法，使得建设公共服务设施和营造良好的旅游环境有章可循，为旅游管理部门的考量工作提供依据和尺度，在不断充实完善的基础上，使之成为旅游环境与公共服务建设的重要支撑。

（十）实现投入多元化，引导社会资金投入旅游公共服务

组织和推动市属各相关部门、各区县和旅游企业，通过政府引导和市场参与带动民间非营利组织和相关企业一同推进旅游环境与公共服务建设60件具体项目的落实，首先是在2012年力求从最具长远性的、最具带动性的、最

能够产生实效的、老百姓最为关注的项目建设中,实现旅游环境与公共服务建设新的突破。

在北京市委、市政府的领导下,在国家旅游局的支持下,北京市旅游委将坚持政府在旅游环境与公共服务供给中的主导地位,把旅游环境与公共服务建设作为北京旅游经济发展的重要着力点,以科学的态度与方法,把握建设水平适度、可持续发展的原则,处理好覆盖面、供给水平、政府财政能力三者间的关系;积极尝试创新公共服务体制,改进公共服务方式,真正发挥和体现财政资金的公益性价值,提高公共服务建设的质量和效益;广泛调动政府职能部门的积极性,在进一步增进协作力度的基础上,形成部门之间的联动、局部与整体之间的联动;积极争取国家旅游局的指导和支持,及时汲取兄弟省市建设旅游公共服务体系的新经验,结合国际旅游发展的新态势,拓展旅游公共服务的新内容、新办法、新措施,促进北京市旅游环境与公共服务建设不断迈上新台阶,真正实现北京旅游"资源多样化、服务便利化、管理精细化、市场国际化"的发展目标。

北京旅游公共服务供给机制、存在的问题及对策研究

高凌江[①]

内容摘要：本文在前人相关文献的基础上，系统分析了旅游公共服务的供给机制，即旅游公共服务的提供与生产、直接生产与间接生产，旅游公共服务的提供主体，以及旅游公共服务的主要供给方式问题。接下来分析了北京旅游公共服务供给存在市场失灵、政府失灵及旅游第三部门供给主体缺失等问题，并以此为基础提出了如何加快完善北京旅游公共服务体系建设的思路。

关键词：旅游　公共服务　供给机制

近年来，随着旅游产业的迅速发展，出现诸如零负团费、购物欺诈、旅游安全等一系列问题和现象，这反映出旅游公共服务供给的缺失。这已经影响和制约着旅游业的进一步发展，因此加快旅游公共服务体系建设是满足旅游公共需求、促进旅游产业健康发展亟须解决的重要课题。国务院在《关于加快发展旅游业的意见》中强调要加强旅游公共服务体系建设，提高旅游公共服务能力。北京出台了《北京市旅游环境与公共服务体系三年建设指导意见》，把加强旅游公共服务体系建设、提升旅游公共服务水平作为未来旅游行政管理部门的主要工作之一。因此，无论是从理论层面还是从实践层面来看，研究北京旅游公共服务供给问题非常必要。

[①] 高凌江(1974—　)，男，博士，北京第二外国语学院讲师，中国社会科学院财政与贸易经济研究所博士后，主要研究方向：旅游产业经济、财税理论与政策。

一、相关文献回顾

国外学者对公共服务研究成果较多,而对旅游公共服务的研究较少,大部分文献主要是对旅游公共服务所包含的具体内容进行研究,如 Robin J. B. Ritchie 和 J. R. Brent Ritchie(2002)以加拿大亚伯达为例,就旅游目的地营销系统中的旅游信息提供内容、方式与体系进行了研究[1];Jameel Khadaroo 和 Boopen Seetanah(2007)通过实证研究得出交通对毛里求斯岛旅游业的发展有着重要的影响,欧洲、美国和亚洲的游客对交通便利、舒适、安全非常敏感,另外欧洲和美国的游客对非交通的基础设施也非常敏感,[2]等等。

目前国内针对旅游公共服务的研究成果也比较少,已有的研究成果主要包括对旅游公共服务内涵、特征及分类等方面的研究(李爽、黄福才、李建中,张萌、张宁、朱秀秀,董培海、李伟,2010)[3-5];旅游公共服务供给机制方面的研究(李爽、甘巧林、刘望保,2010)[6];旅游公共服务体系的内容及保障措施方面的研究(颜廷利,2008;吴源、郭盛晖,2010;欧阳卉然、张扬,2010)[7-9];对旅游地公共服务体系与旅游者满意度相结合进行了理论探讨(连漪、何建军、王贺,2009)[10];节事活动的旅游公共服务研究(郭胜,2008;李建中、李爽、甘巧林,2009)[11-12]和旅游公共服务国际经验借鉴研究(张萌、张宁等,2010)[4]以及最近的关于旅游公共服务与目的地建设等方面的研究(刘德谦、李军鹏、黄燕玲、安金明、徐云松、詹兆宗、王信章、李爽、黄福才,2012)。[13]

通过对文献的梳理,发现国内外对公共服务研究较多,尤其是发达国家对旅游公共服务研究比较具体,从交通、安全及游客满意度等具体方面研究旅游公共服务,其研究更注重实际调研。国内对公共服务研究也比较多,但是针对旅游公共服务的研究相对较少,处在初期研究阶段。本文试图从公共产品供给机制理论角度对完善北京旅游公共服务体系进行研究,希望为以后的研究和政策制定奠定基础。

二、旅游公共服务的供给机制

提供旅游公共服务的目的是满足公众对旅游的需求,是公共服务的具体表现形式,或者说在公共服务中增加了旅游公共服务的内容,是公共服务内容的进一步扩展。旅游公共服务除了兼具一般公共服务的共性之外,还有自己的特点。主要表现在:第一,旅游公共服务的功能或者服务对象具有明显的倾向性。第二,从受益范围来看,旅游公共服务的受益范围又相对广阔。

第三,旅游公共服务与旅游产业关联紧密,对旅游产业影响较大。

另外,按照公共产品的特征,可以把旅游公共服务分为纯旅游公共服务和准旅游公共服务两大类。根据受益范围不同,又可以把旅游公共服务划分为区域性旅游公共服务和国际性旅游公共服务。在这些问题中,旅游公共服务应"由谁提供"、"如何生产"的问题,是旅游公共服务供给机制的核心问题。

(一)旅游公共服务的提供与生产、直接生产与间接生产

在旅游公共服务提供的过程中,首先要区分提供与生产、直接生产与间接生产的概念。提供不同于生产,具体应该由谁来提供是根据公共产品和服务的性质来确定的,目的是明确提供主体的责任。在明确提供主体的责任的情况下,可以由公共生产也可以由私人生产,可以直接生产也可以间接生产,这要看哪种生产方式更有效率。譬如具有较强公共产品的特征的旅游公共服务要以政府提供为主,但并不等于非要以政府生产为主,实际上除了少数纯公共物品需要由政府直接生产外,大量的公共物品和服务可以交给私人生产,然后由政府采购,或者干脆由政府使用公共资金在商品市场上直接进行购买。

(二)根据旅游公共服务的特点,确定其提供主体

旅游公共服务的非排他性和非竞争性特征在很大程度上决定旅游公共服务的提供主体,旅游公共服务的提供主体随着其非排他性和非竞争性二者是否同时具有以及其程度大小而改变。政府提供具有纯公共产品性质的旅游服务,而对于准旅游公共服务,可以由政府和市场共同提供,或者政府委托第三部门提供。另外,根据旅游公共服务受益范围的不同,由中央政府提供国际性的旅游公共服务,地方政府提供区域性的旅游公共服务,实现不同层次的旅游公共服务供给。

(三)旅游公共服务的主要供给方式

旅游公共服务的供给方式主要是指如何进行生产供给旅游公共服务,主要包括政府直接供给旅游公共服务、政府与市场合作供给旅游公共服务、政府与第三部门合作供给旅游公共服务以及旅游公共服务多主体参与供给方式。

1. 旅游公共服务由政府直接提供与生产

在这种供给方式中,旅游公共服务是由政府直接提供和生产的。政府既是旅游公共服务的提供主体,还是生产旅游公共服务的主体。

2. 旅游公共服务由政府与市场共同供给

一方面,政府提供旅游公共服务,而由市场生产旅游公共服务,实现提供

与生产的分离。政府可以通过购买、补贴等市场化方式供给旅游公共服务。另一方面,政府将提供旅游公共服务的权利转让市场,同时加强对其监督、规范管理,实现间接提供和生产旅游公共服务。

3. 政府与社会合作提供旅游公共服务

非营利组织的目标是支持或处理公众关注的问题,不以营利为目的,它与以追求利润为目的的企业相比具有提供、生产旅游公共服务的优势,同时与政府相比又具有灵活、创新、贴近基层等优势。因此,非营利组织是提供旅游公共服务、满足公众旅游服务需求的很好主体。

4. 旅游公共服务多主体参与供给模式

在提供旅游公共服务中,充分发挥政府、市场和第三部门的优势,规避各自的不足,在正确处理政府与市场、社会的关系,实现公平与效率的条件下,共同供给旅游公共服务,满足旅游者的公共服务需求,是公共产品和服务供给多元化改革的趋势。

三、北京旅游公共服务供给存在的问题

北京市近年来一直加大旅游公共服务设施的建设,累计投入的配套资金有 2 亿元,带动投资 36.98 亿元,对于改善景区景点及区县环境起到很好的作用。2011 年及 2012 年通过对北京市星级饭店、A 级景区及旅行社进行评审,其中增加旅游公共服务的标准,以此提升北京公共环境和公共服务质量。虽然在旅游公共服务体系建设方面取得了很多的成就,但是也存在着一些问题。

公共产品和服务的性质决定了公共产品和服务在消费过程中容易产生"搭便车"行为,出现"市场失灵",因此会造成公共服务的供给不足。由于市场失灵的存在,给政府介入提供公共服务成为可能。但是从公共选择理论可知,政府也是"经济人",其"自利性动机"同样会造成"政府失灵"。因此可以从这两个角度来分析北京旅游公共服务体系建设中存在的问题。

(一)旅游公共服务供给的市场失灵问题

旅游公共服务具有受益的非排他性和消费的非竞争性等公共产品的特征,因此出现"免费搭车"现象,从而导致市场对旅游公共服务提供的失灵。如旅游目的地整体形象推广的投资回报并不完全由旅游宣传企业获得,市场不能完全反映旅游宣传企业进行营销的成本,就会出现市场失灵问题。这样会造成旅游公共服务的供给小于旅游公共服务的需求,进而影响到旅游产业的发展。目前政府没有建立相应的激励机制,没有很好地运用市场手段减少旅游公共服务供给的市场失灵问题。

（二）旅游公共服务供给的政府失灵问题

由于旅游公共服务的特征导致了市场失灵，政府应该积极发挥作用，解决市场失灵问题，但是北京在旅游公共服务建设方面明显滞后，造成了旅游公共服务有效供给不足、质量不高等问题。长期以来，政府提供的旅游公共服务偏重于营利性的旅游基础设施建设、旅游目的地形象宣传，而在旅游资源保护及生态环境建设、旅游公共安全、旅游信息平台建设，协调相关的非政府组织开展合作以及公共服务的市场化改革等方面相对落后。旅游行政管理部门的职能转变较慢，公共服务职能相对薄弱，旅游公共服务供给错位、缺位和越位现象明显，造成行政资源配置不尽合理、效能低下，行政执法体制不健全，导致政府失灵。

（三）旅游第三部门发展不完善，供给主体缺失

多元化供给模式是人们寻求解决公共产品和服务提供效率问题的结果，其目的是探求政府、私营部门、第三部门及公民在公共物品供给中合理的角色定位，以达到最佳的互动效果。旅游公共服务多元化供给模式，能够从一定程度上克服"市场失灵"和"政府失灵"现象。但是，由于旅游第三部门的发展相对落后，出现旅游公共服务供给主体的缺失。旅游业相对于其他行业，市场化的进程较快，传统的政府管理失灵问题有所暴露，但如何系统地运用市场手段、开展与第三部门合作，还缺乏有效手段，更没有机制性突破。

四、加快完善北京旅游公共服务体系建设

随着经济持续高速增长，居民人均可支配收入不断提高，对旅游的需求不断增加，并且需求的品位、层次不断提高。旅游者也逐渐由体验型向享受型转变，旅游参与方式正在从以旅行社团队旅游为主的"条带型"向以目的地散客自助旅游为主的"板块型"转型。在"板块型"模式下，旅游者失去了旅行社的事先安排，必须亲自与旅游活动所涉及的各个环节发生直接联系，因而对旅游安全保障、旅游信息咨询、旅游交通指引等旅游公共服务的需求将更加强烈。[9]

因此，按照《北京市旅游环境与公共服务体系三年建设指导意见》的要求，从解决旅游公共服务供给的市场失灵和政府失灵问题入手，来完善北京旅游公共服务体系的建设。将使旅游公共服务逐步扩展到整个社会，逐步解决旅游产业发展过程中旅游公共服务发展相对滞后、总量供应不足、公共投入不足等问题。

(一)解决旅游公共服务体系建设的市场失灵问题

旅游公共服务的公共产品属性导致了市场失灵现象的出现。政府应该积极发挥作用,解决市场失灵问题,在旅游基础设施建设、旅游公共信息平台建设、旅游生态建设与保护等市场失灵的领域发挥作用。通过制定市场规则,依法管理旅游市场,努力为旅游企业营造良好的经营环境,为国内外游客提供放心的消费环境。主动为企业解决难题,做企业想做而又无法做到的事情。充分发挥旅游产业的综合功能,围绕公共服务均等化的主要领域,优化在环保、健康、文明和安全等方面的资源配置,树立旅游部门公共责任形象。[14]

(二)减少旅游公共服务体系建设的政府失灵问题

传统的政府职能行使方式容易出现权力寻租、效率低下等问题。为改善这种状况,要界定政府行为边界,限制政府的行为,同时在进行政策干预的领域引入市场机制。由于技术进步及管理理论的发展,公共物品的提供及许多天然垄断行业可以越来越多地通过引入竞争机制,制约政府权力,防止腐败,提高效率。政府要逐渐从非政府组织能够积极发挥作用的领域中退出,通过借助旅游第三部门实现旅游公共服务供给的社会化。从市场作用的领域中退出,减少对市场的干预,并通过创新旅游公共服务供给方式,实现政府的目标。政府重点解决市场与旅游第三部门无法解决的问题,保证旅游公共服务的有效供给。[15]

(三)培育旅游第三部门的发展,完善多元化供给主体

旅游公共服务是旅游市场经济发展的需要,因此要结合旅游市场化的特点和程度,建设与之相对应的公共服务平台。这需要政府、市场和企业共同努力,同时要克服市场失灵和政府失灵的问题。积极培育旅游第三部门,完善旅游公共服务的多元化供给主体是很好的选择。因此,要为旅游第三部门的发展创造良好环境,积极培育旅游第三部门的发展,条件好的旅游第三部门可以逐渐发展成为公共服务组织,承担相应的职能。在旅游目的地宣传促销、安全保障等领域尝试政府、非政府组织、企业的合作,把一些专业性的服务外包,通过政府招标采购,实现旅游公共服务的供给,最终形成政府、企业和旅游第三部门多元化供给主体的格局。

参考文献

[1] ROBIN J. B. RITCHIE, J. R. BRENT RITCHIE. A framework for an industry suppor-

ted destination marketing information system. Tourism Management, 2002, 23 (5):439 - 454.

[2] JAMEEL KHADAROO, BOOPEN SEETANAH. Transport infrastructure and tourism development. Annals of Tourism Research, 2007, 34(4):1021 - 1032.

[3] 李爽,黄福才,李建中.旅游公共服务:内涵、特征与分类框架.旅游学刊,2010(4).

[4] 张萌,张宁,朱秀秀,等.旅游公共服务:国际经验与启示.商业研究,2010(3).

[5] 董培海,李伟.关于"旅游公共服务体系"的解读——兼评我国旅游公共服务体系建设.旅游研究,2010(4).

[6] 李爽,甘巧林,刘望保.旅游公共服务体系:一个理论框架的构建.北京第二外国语学院学报,2010(5).

[7] 颜廷利.健全旅游公共服务体系推进山东旅游强省建设.科协论坛,2008(11).

[8] 关源,郭盛晖.广州亚运旅游公共服务体系构建及保障措施.企业导报,2010(5).

[9] 欧阳卉然,张扬.加快推进海口旅游公共服务体系建设.今日海南,2010(4).

[10] 连漪,何建军,王贺.旅游公共服务体系的完善程度与游客满意度研究.商场现代化,2009(5).

[11] 郭胜.节事活动的旅游公共服务——以政府的视角.无锡职业技术学院学报,2008(6).

[12] 李建中,李爽,甘巧林.节事活动旅游公共服务第三部门供给研究.社会科学,2009(10).

[13] 中国旅游发展笔谈——旅游公共服务与目的地建设.旅游学刊,2012(1).

[14] 温锦英.强化旅游公共服务 促旅游业持续发展.时代经贸,2008(6).

[15] 贾先文.公共服务供给中政府失灵及其角色的动态转换.经济观察,2011(5).

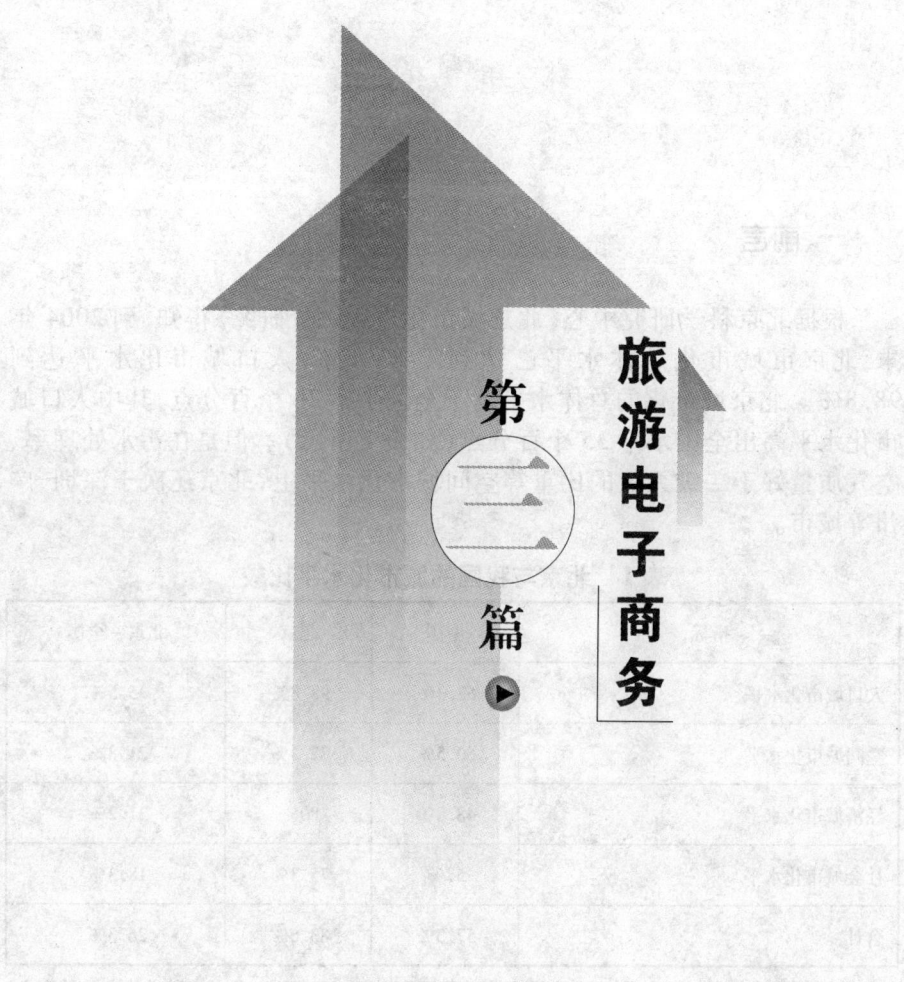

第二篇 旅游电子商务

北京智慧旅游城市建设分析报告

魏 翔[①] 崔 丹

一、前言

根据北京科学研究中心《北京城市化进程评价研究》得知,到 2004 年末,北京市城市化总体水平已达到了 83.6%,人口城市化水平达到 98.8%。北京城市化的总体水平高于全国水平 26 个百分点,其中人口城市化水平高出全国水平 35 个百分点(如表 1 所示)。但是在污水处理率、空气质量好于二级天数的比重等空间城市化水平上,北京还次于深圳、广州等城市。

表 1 北京与我国的城市化水平比较

指标	中国	北京	北京 - 全国
人口城市化水平	63.3%	98.8%	35.5%
空间城市化水平	60.5%	82.3%	21.8%
经济城市化水平	48.8%	80%	31.2%
社会城市化水平	57%	75.3%	18.3%
合计	57.3%	83.6%	26.3%

资料来源:北京科学研究中心.北京城市化进程评价研究[OE/EB].北京市科学技术委员会 http://www.bjkw.gov.cn/n1143/n1240/n1465/n2216/n3710709/3711264.html,2009 - 07 - 30.

与纽约、伦敦、巴黎、东京四大世界城市相比,北京大约有 16% 的差距(如表 2 所示)。

[①] 北京第二外国语学院科研处副处长、中国闲暇经济研究中心主任。

表2 北京城市化的国际比较

指标	北京	纽约	伦敦	巴黎	东京
人口城市化水平	98.8%	100%	100%	100%	100%
空间城市化水平	82.3%	100%	100%	100%	94.5%
经济城市化水平	80%	100%	100%	100%	100%
社会城市化水平	75.3%	100%	97%	100%	100%
合计	83.6%	100%	99.1%	100%	98.8%

资料来源:北京科学研究中心.北京城市化进程评价研究[OE/EB].北京市科学技术委员会 http://www.bjkw.gov.cn/n1143/n1240/n1465/n2216/n3710709/3711264.html,2009-07-30.

北京空间城市化水平是82.3%,与纽约等四个城市还有16%的差距。其中,人均公共道路面积,北京仅为纽约等四个城市的30%左右;人均生活用电量,北京仅为纽约等四个城市的20%左右;城市人均公共绿地面积不到巴黎的50%,仅为伦敦的17%。

在经济城市化水平方面,北京是80%,与纽约等四个城市有20%的差距。其中,单位GDP能耗,北京是巴黎、伦敦的3倍左右,是东京的5倍左右;人均GDP,北京仅为纽约等四个城市的10%左右,是与纽约等四个城市差距最大的指标之一。

在社会城市化水平方面,北京是75.3%,与纽约等四个城市有25%的差距,是差距最大的一个方面。其中,社会保障覆盖率,北京仅为纽约等城市的50%左右;城市居民人均可支配收入,东京是北京的20倍,是北京与四个城市差距最大的一个指标。

与四大世界城市相比,北京较为薄弱的方面是社会城市化水平,说明了北京城市化发展在涉及居民切身利益的社会生活方面有待于进一步提高。

表3 北京市各个区县城市化评价与分析

区县 \ 状况	人口城市化水平	空间城市化水平	经济城市化水平	社会城市化水平	合计
东城区	95.5%	69.5%	83.1%	74.2%	79.8%
西城区	100%	70%	87.3%	76.7%	82.7%
崇文区	87.5%	77.1%	71.5%	74.5%	76.9%

续表

区县\状况	人口城市化水平	空间城市化水平	经济城市化水平	社会城市化水平	合计
宣武区	93.5%	68.1%	79.6%	73.0%	77.8%
朝阳区	100%	77.6%	86.9%	76.4%	84.1%
丰台区	99.5%	76.7%	70.4%	73.6%	78.6%
石景山区	80%	61.0%	73.5%	73.0%	72%
海淀区	100%	71.0%	89.6%	73.9%	82.6%
门头沟区	64.5%	70.5%	55%	72.1%	65.8%
房山区	48%	76.2%	51.9%	66.7%	61.1%
通州区	51%	71.4%	50.4%	66.7%	60.3%
顺义区	46.5%	83.3%	63.5%	71.5%	66.9%
昌平区	69%	74.3%	65.4%	69.4%	69.3%
大兴区	50.5%	74.3%	67.7%	68.8%	66%
平谷区	37.5%	76.7%	43.5%	75.5%	59.8%
怀柔区	55%	91.4%	50%	75.2%	68%
密云县	46.5%	85.2%	45.4%	67.3%	61.2%
延庆县	44.5%	91.4%	51.5%	69.4%	64.4%

资料来源：北京科学研究中心. 北京城市化进程评价研究[OE/EB]. 北京市科学技术委员会 http://www.bjkw.gov.cn/n1143/n1240/n1465/n2216/n3710709/3711264.html,2009 – 07 – 30.

（一）北京各区县城市化总体水平

第一板块：东城区、西城区、崇文区、宣武区、朝阳区、丰台区、石景山区、海淀区8个区。实现程度为70% ~ 85%。

第二板块：门头沟区、顺义区、昌平区、大兴区、怀柔区5个区。实现程度为65% ~ 69%。

第三板块：房山区、通州区、平谷区、密云县、延庆县5个区县。实现程度为59% ~ 64%。

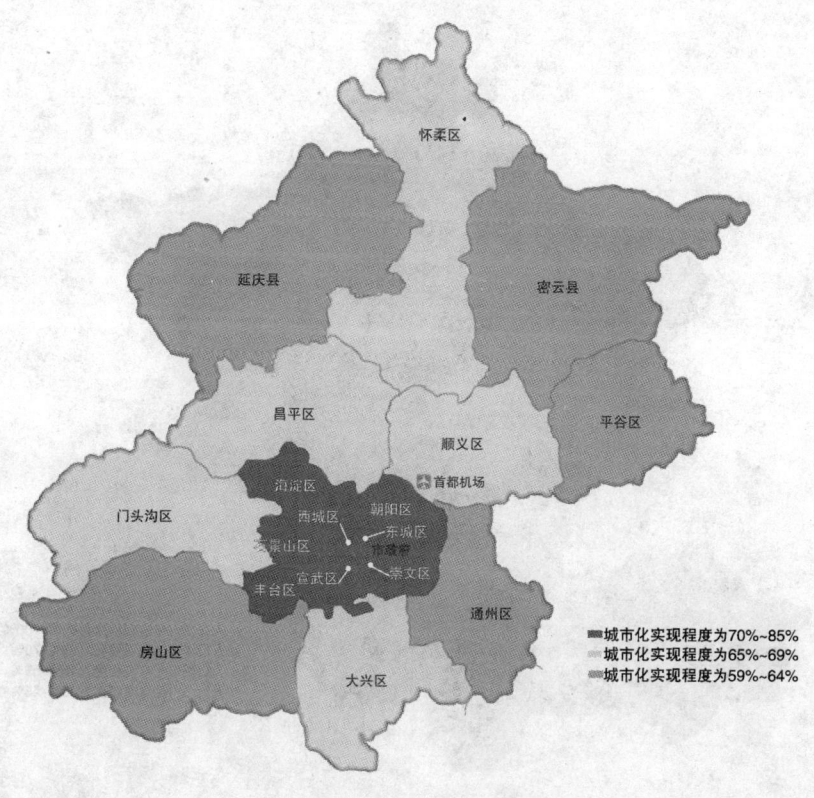

图1 北京各区县城市化总体水平

（二）北京各区县人口城市化水平

第一板块：东城区、西城区、崇文区、宣武区、朝阳区、丰台区、石景山区、海淀区8个区。实现程度为80%~100%。

第二板块：门头沟区、昌平区2个区。实现程度为65%~70%。

第三板块：房山区、通州区、顺义区、大兴区、怀柔区、密云县6个区县。实现程度为46%~55%。

第四板块：平谷区、延庆县2个区县。实现程度为35%~45%。

图2 北京各区县人口城市化水平

(三)北京各区县空间城市化水平

第一板块:怀柔区、密云县、延庆县、顺义区4个区县。实现程度为81%~95%。

第二板块:崇文、朝阳区、丰台区、海淀区、门头沟区、房山区、通州区、昌平区、大兴区、平谷区10个区。实现程度为71%~80%。

第三板块:西城区、东城区、宣武区、石景山区4个区。实现程度为60%~70%。

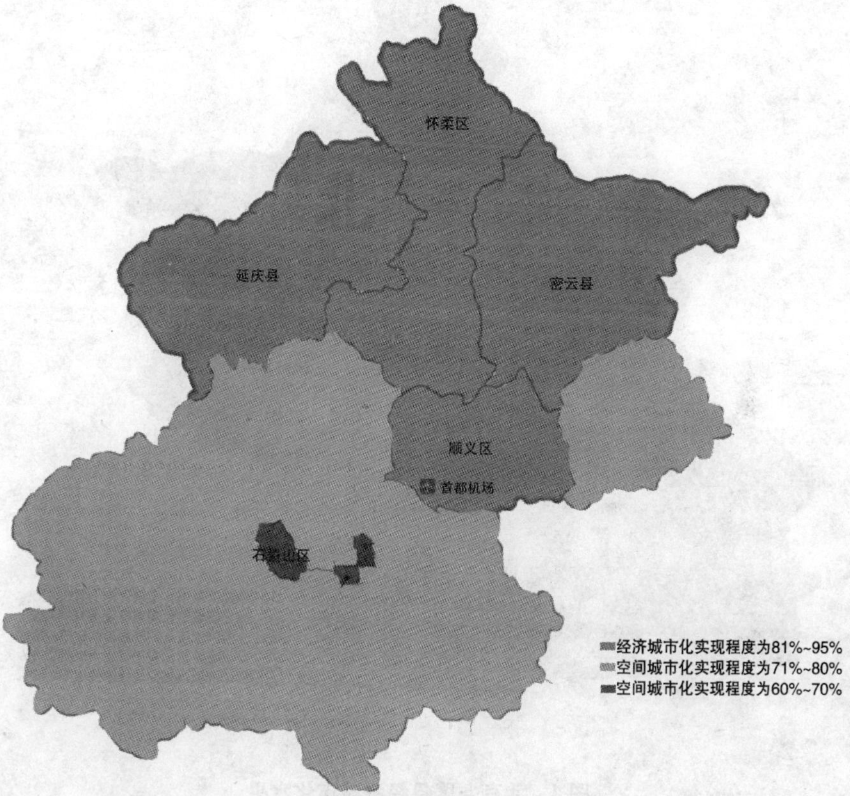

第三篇 旅游电子商务

图3 北京各区县空间城市化水平

(四)北京各区县经济城市化水平

第一板块:东城区、西城区、朝阳区、海淀区4个区。实现程度为80%~90%。

第二板块:崇文区、宣武区、丰台区、石景山区4个区。实现程度为70%~79%。

第三板块:顺义区、昌平区、大兴区3个区。实现程度为60%~69%。

第四板块:门头沟区、房山区、通州区、怀柔区、延庆县5个区县。实现程度为50%~55%。

第五板块:平谷区、密云县2个区县。实现程度为40%~45%。

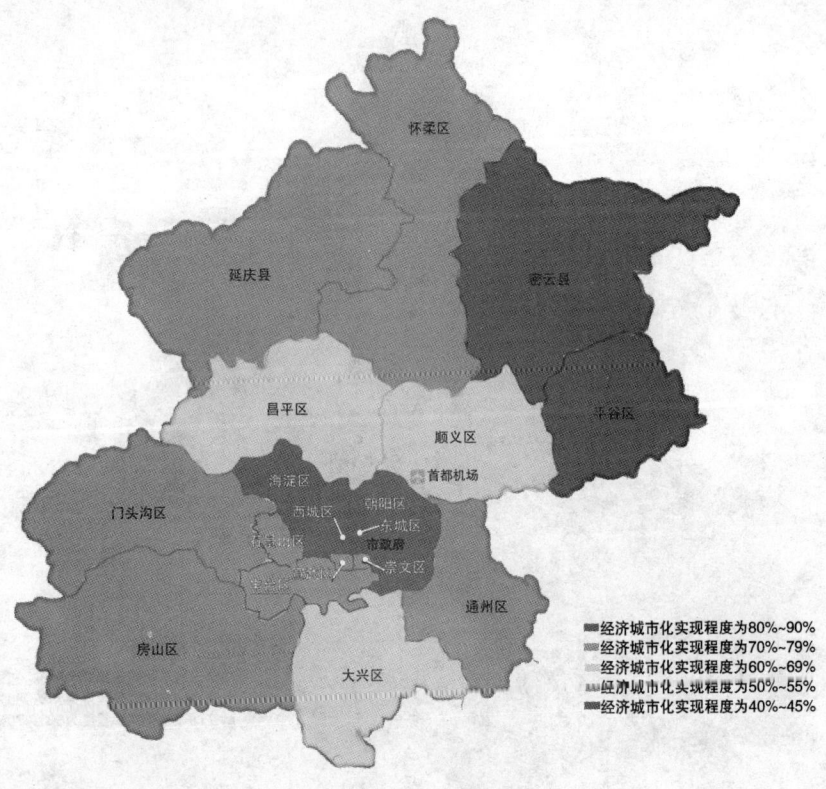

图4 北京各区县经济城市化水平

(五)北京各区县社会城市化水平

第一板块:东城区、西城区、崇文区、宣武区、朝阳区、丰台区、石景山区、海淀区、门头沟区、顺义区、平谷区、怀柔区12个区。实现程度为71%~80%。

第二板块:房山区、通州区、昌平区、大兴区、密云县、延庆县6个区县。实现程度为65%~70%。

综合北京城市化发展水平,可知北京城市化发展面临诸多挑战。

①人口分布过于集中在东城区、西城区、崇文区、宣武区、朝阳区、海淀区,不仅增加了北京市交通运输系统的压力,同时使得城市"生命线"变得更加脆弱,阻碍了城市化的顺利发展。

②北京自然资源禀赋缺乏,生态环境脆弱,城市人均公共绿地面积较少,社会保障率较低,在涉及居民切身利益的社会生活方面有待于进一步提高,而这严重制约了北京城市化内在质量的提高。

③北京单中心城市结构阻碍了北京周边地区城市化的顺利发展,同时区域的发展不平衡制约了城市化水平的整体提高。

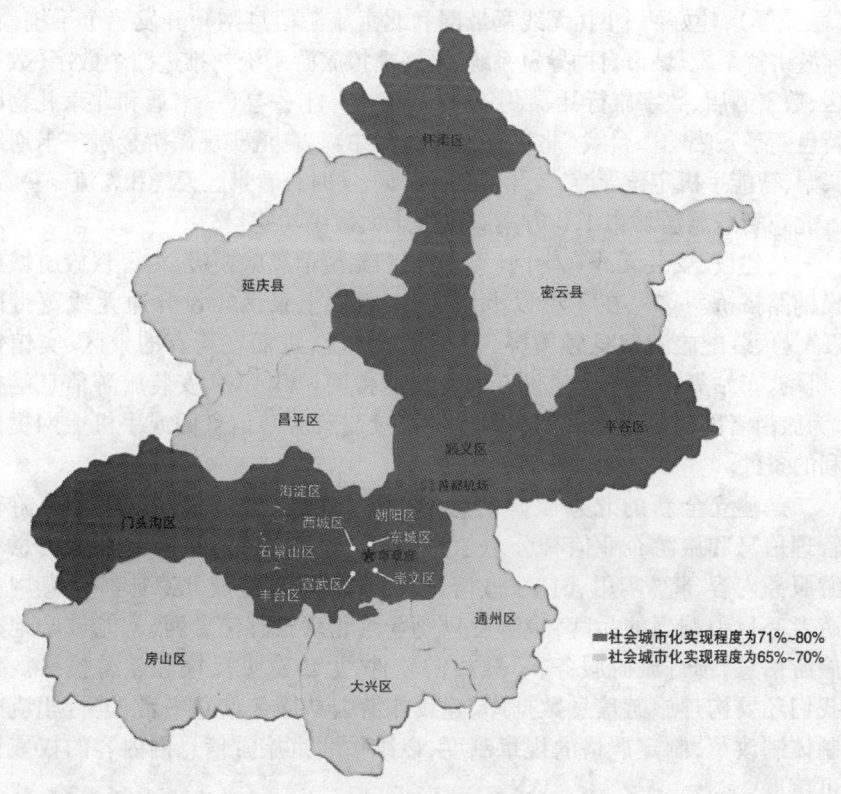

图5　北京各区县社会城市化水平

二、北京智慧旅游城市1.0方案(北京当前智慧旅游城市方案)

面对北京城市化进程中的缺口,北京市坚持"高点定位谋发展,智慧旅游促转型"的指导思想,明确"概念落地,对接需求,先行先试,点面结合,系统推进"的整体思路,建立北京智慧旅游联盟,完善北京市智慧旅游建设。

"智慧北京",是指以物联网技术为基础,在北京城市建设上大力发展物联网相关应用,在智能交通、智能电网、智能家居、智慧农村、智能办公、智能物流、智能企业、智能金融八大方面全面实现智能化,以改善人们的生活方式和提高人们的生活水平为目标,将北京打造成中国的物联网科技示范城市,从而建设一个和谐、文明、包容、创新的新北京（由天仕物联网研究院提出）。

北京智慧旅游城市 1.0 方案（北京当前智慧旅游城市方案）是配齐一张屏（触摸屏），建好两个网（无线宽带网和北京旅游信息网），开发三个系统（自助导游讲解系统、城市自助导览系统、网络虚拟旅游系统），推进四个数字（数字景区、数字酒店、数字旅行社、数字乡村），推出一卡一亭（一卡通和北京礼物网上特色商亭），唱响一台戏（北京旅游游戏软件）。真正实现旅游金融一卡通刷卡买票、智能手机定位导游、蓝牙下载导游词、实时查看景区天气和人流……

北京智慧旅游城市 1.0 方案有以下十大系统功能：

一是建设、安装无线宽带网（WLAN）和旅游信息触摸屏，为智慧旅游城市建设铺路搭桥。首先在 3 星以上饭店、A 级以上景区建设开通无线宽带网（WLAN）、装配旅游信息触摸屏，并在此基础上，进而在所有的景区、宾馆饭店、机场、车站等公共场所建设开通无线宽带网（WLAN）、安装旅游信息触摸屏，为旅游者随时随地通过信息触摸屏登录北京旅游信息网或手机上网提供便利的条件。

二是建立全新的北京旅游信息网（visitbeijing 网）。利用、融合旅游行政管理信息和旅游企业信誉公示信息，丰富北京旅游信息网的旅游信息和旅游服务内容，将"实用、时效、诚信、便利、实惠"打造成北京旅游信息网在旅游者心目中响亮的品牌，旅游者只要登录北京旅游信息网，就能放心地查询旅游信息，预订旅游服务，下载旅游软件，上传意见反馈和旅游投诉。为此我们还要构建旅游信息数据库，建设旅游公共服务信息平台，进行相应的机制体制改革，制定严格的规章制度，以维护北京旅游信息网内容的权威性和可信度。

三是推广使用景区自助导游讲解系统。开发景区自助导游讲解软件并投放到北京旅游信息网上，供旅游者下载，或在旅游信息触摸屏复制。购置景区自助导游讲解手机，投放到各旅游咨询站，供旅游者租借使用。旅游者通过景区自助导游讲解手机，可以根据手机里的导览图进行游览，每到一处景点手机将自动播放讲解，从而体验到"智慧北京便利旅游"所带来的愉悦。

四是研制生产城市自助导览系统。以北京市地理背景及历史、人文、民俗、建筑为内容，挖掘北京深厚的文化底蕴（请历史文化名人编写，并编书出版），利用 GPS 定位等技术，制作城市自助导览手机和软件供旅游者租借或下载，旅游者在城市自助导览手机的引导下对城市进行游览，每到一讲解点，手机就自动播放讲解，让旅游者很方便地感受到北京旅游的文化内涵，增加旅游者对"智慧北京便利旅游"的受益度。

五是推出北京旅游"一卡通"。做到"一卡"在手，快乐畅游。旅游者购买北京旅游"一卡通",就能在北京官方认定的地方享受到便捷的服务、承诺的优惠。

六是开发网络虚拟旅游系统。利用 3D 制图技术,开发北京城市及景区三维网络虚拟导游导览系统,旅游者可以在北京旅游信息网上对北京城市和景区进行游览,三维虚拟导游导览系统的音乐解说效果和视觉的逼真度将让旅游者充分感受"智慧北京便利旅游"带来的快感。

七是研发"智慧北京便利旅游"游戏软件。将北京城市、景区及相关故事编入游戏,针对各旅游企业的实景、历史故事和人物故事分别设置游戏中不同的场景和关卡,旅游者通过到该企业场景游览、与人物交流、掌握其故事并过关,从而获得积分,最后将获得的各旅游企业积分累加,兑换成不同企业的不同优惠度的电子优惠券,在规定的时间内到北京来完成实际的旅游,享受通过玩游戏得到优惠旅游的喜悦。

八是打造"北京礼物"网络购物亭。依托北京旅游信息网,推出数个各具特色的"北京礼物"购物亭,在其中旅游者能够购买到货真价实、特色突出的北京礼物。

九是逐步推进数字景区、数字酒店、数字旅行社、数字乡村四个数字建设。与有关科研机构、生产单位合作,推出游客动态管理系统,安全警示、引导标志及监控系统,自动导游导览及网上虚拟游览系统等,促进四个数字规范化建设。

十是完成北京市"智慧旅游"城市建设规划,建立一个集研究、生产于一身的北京旅游科技产品研发中心,为后续的"智慧旅游"城市建设建立保障机制。

但是智慧旅游城市不是"智能城市",不是完全利用数字化、科技化强制性、快速地优化人们的生活,而是突出"人"的主导地位,通过具有介入式、互动式功能的智能化数字城市管理应用系统,把握城市系统的运动状态和规律,对城市人地关系进行调控,实现系统优化,使城市成为有利于人类生存与可持续发展的空间。因此,在北京智慧旅游城市 1.0 方案的基础上,我们提出了智慧旅游城市 2.0 方案——具有介入式、互动式功能的智能化数字城市管理系统,以其科技含量高、便捷、高效的特色助力北京城市化发展。

三、智慧旅游城市 2.0 方案

智慧旅游城市 2.0 方案最大的特色是以"人"的需求为中心,在现有城市管理系统基础上,嵌入式地引入数字化系统构建具有介入式、互动式功能的智能化城市管理系统,构建有利于人类生存和可持续发展的城市空间(如图6所示)。

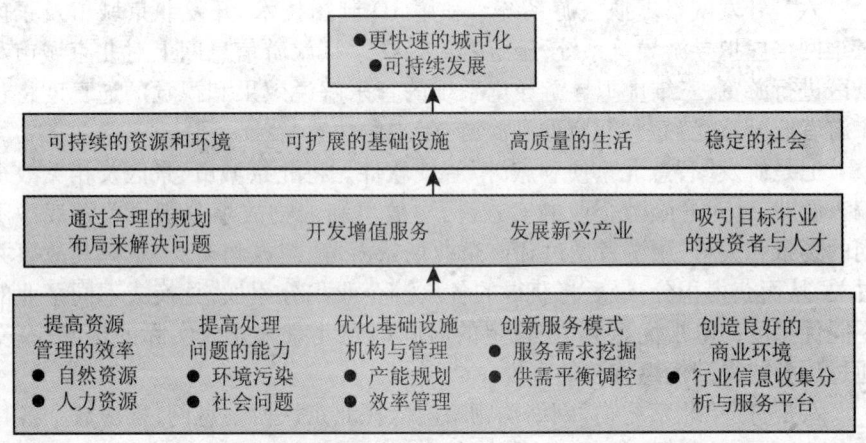

图6　智慧旅游城市助力北京城市化发展

图7　智慧旅游城市2.0方案——智慧旅游城市全景图

智慧旅游城市2.0方案包含数字政务、数字产业、数字民生三大系统,其中数字政务系统包含数字监察、电子政务、数字执法、政府热线、数字城管、城市应急系统六大子系统。

数字产业系统包含数字景区、数字邮政、数字物流、数字巡检四大子系统。

数字民生系统包含数字医疗、数字社区、智能交通、食品安全、数字校园、平安城市、数字环保七大子系统。

数字政务、数字产业、数字民生三大系统相辅相成,构成智慧旅游城市综合系统(图7)。

(一)数字政务系统

数字政务系统以资源整合、服务为民、并联审批、权力阳光为目标,在当前政府政务管理系统的基础上,嵌入数字化信息管理系统,是更加智能化的政府政务管理系统。

1. 总建设目标

• 资源整合:全面整合政府门户网站及下属单位子网站的信息资源,从全局考虑,实现有序互联、有效共享。

• 服务为民:政府各部门通过重置流程及资源,以提供给市民及公司便捷、优质、低成本的服务。增加创新的沟通渠道,提供市民与领导、企业与政府之间互动交流的平台机制,加强与各界代表人士的协商,树立一个公平、公正、公开,并且响应快速高效的政府形象。

• 并联审批:政府各联网部门实现数据整合和信息资源共享,对政府工作流程进行优化和改造,以标准化服务的方式实现各类跨部门的联动业务,提高政府办事效率。

• 权力阳光:利用网上行政监察和法制监督系统对"服务"的治理,对行政执法信息公开的程度和执行效率进行监督,确保行政行为依法、透明、廉洁、高效运行。

2. 数字政务系统主要功能

• 实现政府内部业务系统之间以及与外部(横向/纵向)业务系统各职能部门之间的数据共享,为市(区)政府实现人口、资源、法人、地理信息等基本信息库的形成和更新创造条件,建立资源目录体系,达成各部门之间的资源查询和共享。

• 以"服务"的方式实现各种业务(比如行政申请、行政处罚、行政征收),打造政府的"一站式"服务,即面向社会公众的全市统一的政务协同服务平台。改善政府对公民和企业的服务质量,树立服务型政府为民办事的形象。

• 梳理跨职能部门的业务流程,对接各部门的IT系统,实现各部门之间的业务联动,实现横向电子政务,比如并联审批、联合执法等。

- 实现外网受理、内网办理,实现政务公开,将办理的流程环节、回执意见等信息公开,供市民查询。通过信息门户、即时消息、短信平台、监督电话、投诉专栏等新的协同模式,支持政府全面实现信息公开,实现行政权力公开透明运行。

- 通过对业务环节办理情况的收集、集成市民意见的回馈,自动计算出政府的执政效率、市民满意度、社会热点问题分布等(如图8)。

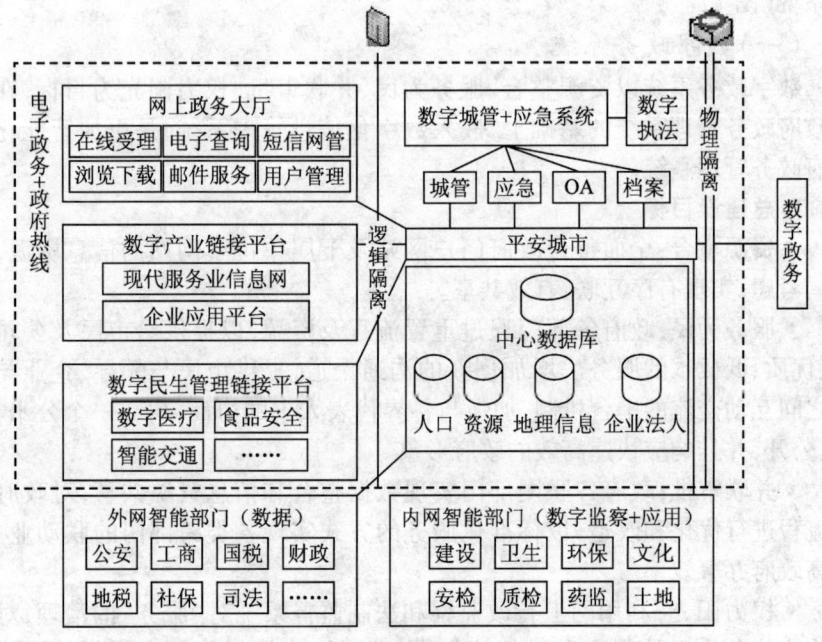

图8 数字政务系统

其中政务热线、应急指挥、电子政务系统的具体功能如下:

(1)政务热线

通过政务热线可以将公众对政府各部门的服务请求进行集中统一的受理和回复。

可通过语音、视频、WEB、WAP、短/彩信、传真、邮件等多种途径为公众用户提供服务。

实现了从窗口式服务向电子化服务的转变,为用户创造了良好的服务体验,提升了政府部门的公众形象(如图9)。

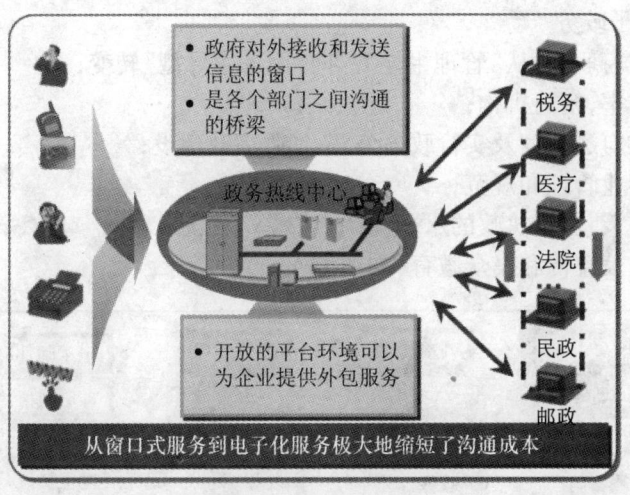

图9　政务热线系统

（2）应急指挥

应急指挥系统包括：应急指挥预案管理系统、应急指挥地理信息系统、应急指挥电话会议及监控系统、应急指挥决策支持系统、应急指挥综合通信系统。

政府应急平台综合应用因特网、无线集群、GIS、卫星通信、无线通信、音/视频、快速网间数据交换、决策支持等多种技术，调用、组织多部门、多行业、多层次的已有系统和信息资源，实现对突发事件处置全过程的跟踪、指挥（如图10）。

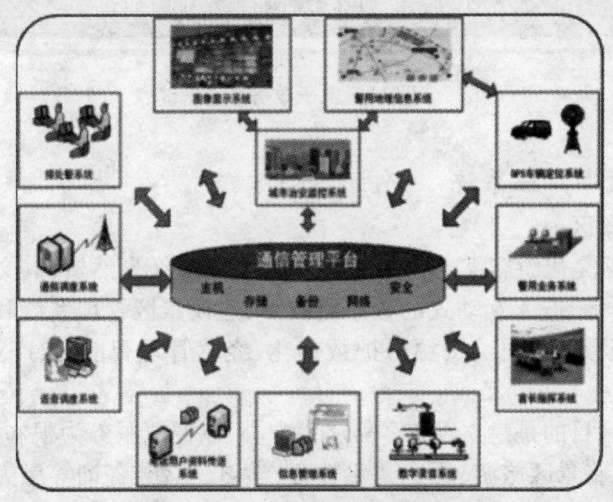

图10　应急指挥系统

(3)电子政务

转变政府职能,从"管理主导型"向"服务主导型"转变;

提高效率,精简机构;

提高政府透明度及实行政务公开,加强廉政建设;

加强行业管理和规范;

科学决策,提高执政的水平;

加强政策宣传和民众教育(如图11)。

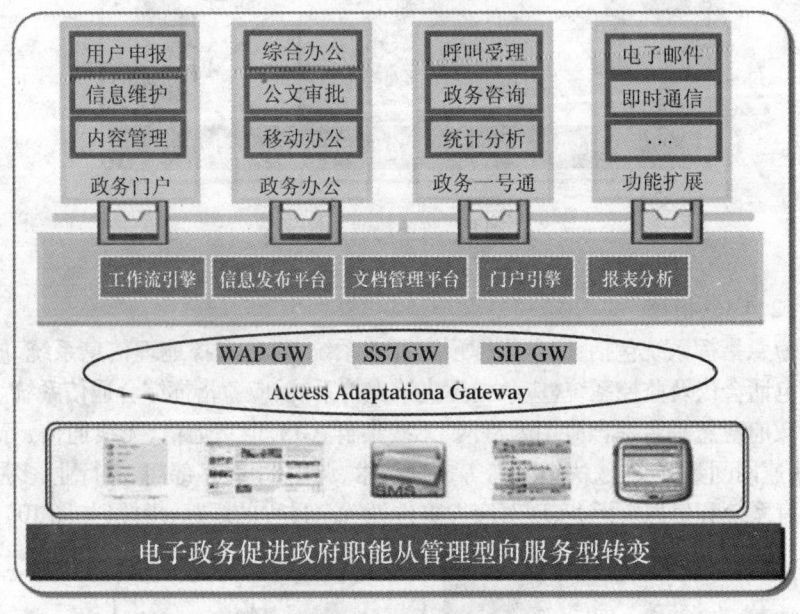

图11 电子政务系统

(二)数字产业系统

1. 数字景区

数字景区是以游客需求为中心,整合景区资源(自然资源、文化资源、旅游信息中心)等,嵌入互动式的数字化技术,建设景区管理系统和服务系统,实现"游客服务便捷化、资源保护数字化、经营管理智能化、产业整合网络化"。

数字景区目的是建立以游客需求为中心、以便捷服务为根本的协同一体化服务景区,将景区旅游、历史文化教育、学习、工作、咨询等融为一体,做到四上(手上、桌上、车上、路上)全程服务,游客或用户在任何时间、地点通过线下旅游咨询中心、线上咨询平台（电脑、手机信息平台）等便可获取目的地信息或服务（包含目的地景区、会展、线路、美食等）（如图12）。

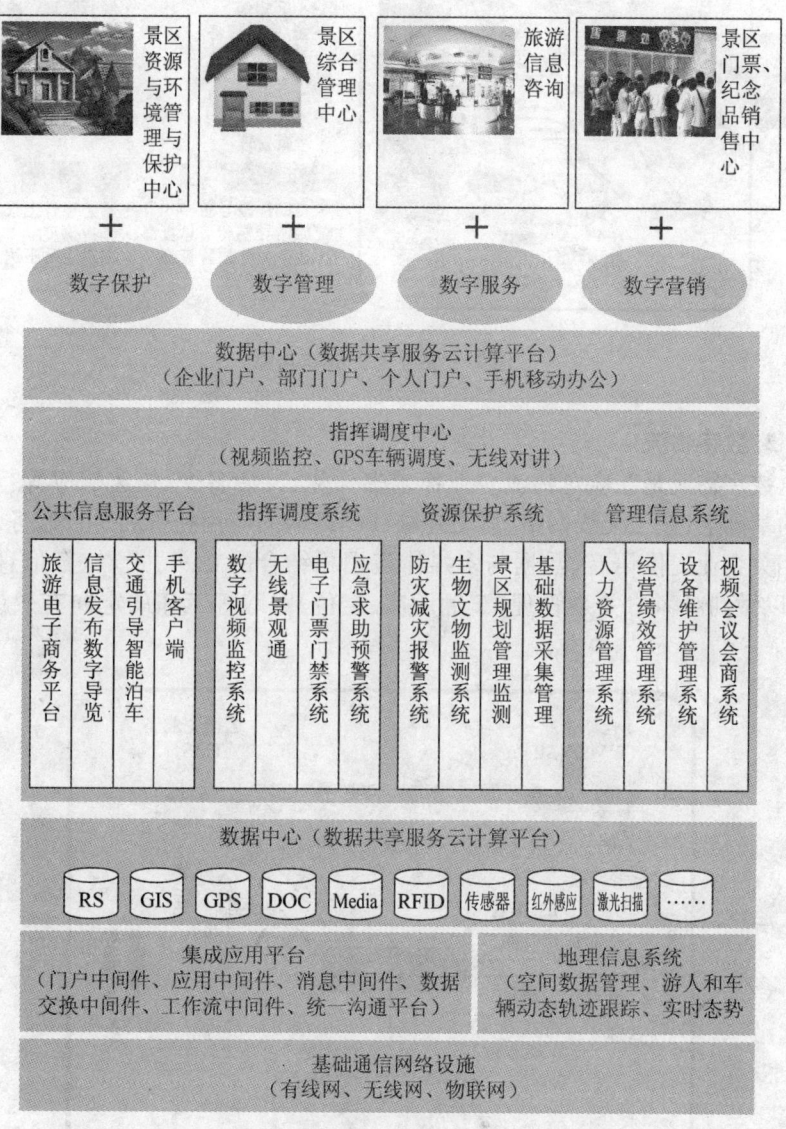

图12 数字景区（实体景区管理中心＋智能信息系统）

数字景区具体功能(如图13):

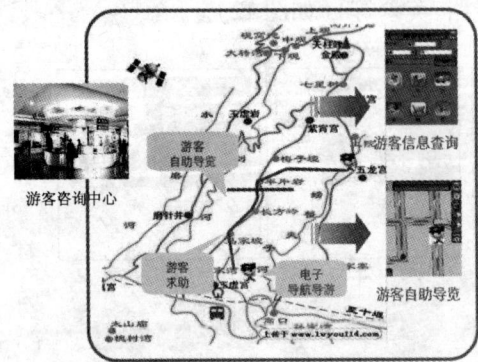

游客服务
· 小区短信
· 短/彩信服务
· 三打一查

人员定位
· 工作轨迹
· 考勤管理

自助导游
· 自助播报导游
· 旅游导航和信息查询
· 团队协作位置查询
· 报警求助

景区管理
· 经营管理、决策支持
· 各类人员时空上分布管理
· 任务制定、预设运行轨迹/区运行域
· 告警处理、统计管理

应急/调度
· 紧急事件上报及处理
· 指挥调度
· 信息上传下达

图13 数字景区具体功能

2. 数字物流

数字物流是在应对物流企业需求多样化、灵活多变、快速响应等行业需求的基础上,基于无线网络、移动终端、PC终端的应用托管和平台服务,为物流相关企业提供语音、数据与多媒体应用相结合的"一站式"综合信息化服务,以做到对客户关系管理,车辆调度、定位、跟踪等工作的定向有效(如图14)。

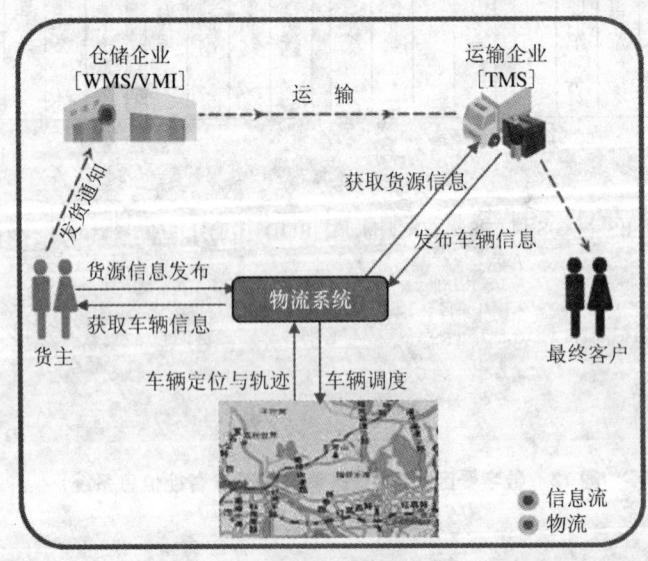

图14 数字物流

具体功能：
- 无论发货还是接货都通过登录网站就可以轻松搞定；
- 对运送的货物和空闲车辆的信息，以货架的形式展现给最终用户，使企业的各类需求得到最及时的满足；
- 对于有定期发货需求的企业，允许物流公司设定固定的排班送货，减少重复操作；
- 企业不再需要为找物流、找货源、找车辆等琐事烦恼，数字物流系统可提供"Stop – here"的一站式服务。

3. 数字巡检

数字巡检是针对电信运营商、能源行业等管线巡检的新管理模式，利用数字化、信息化的措施来解决运维部门在运维巡检管理中监督困难的问题，针对施工工程的管理、日常运维巡检的管理、故障发现及上报处理流程等，通过手机现场拍照录像、进展、故障及 GPS 坐标上报、GIS 地图服务、工作流处理等手段，辅助运维人员来进行监督管理，从而提高运维管理的效率（如图 15）。

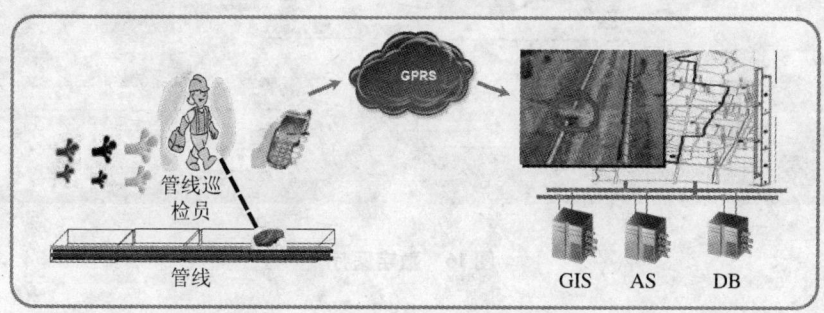

图 15　数字巡检

具体功能：
- 通过 GPS 定位，实现自动考勤，避免巡检员缺勤；
- 支持轨迹方式设定巡检路线，避免巡检员漏检；
- 巡检问题精确上报，避免谎报、误报，为运维部决策提供支持；
- 为管线问题排除提供复合依据。

（三）数字民生系统

随着通信技术、互联网技术、物联网技术的成熟与广泛应用，科技改变生活已经渗透到我们生活中的各个领域。

在通信领域以手机为例,目前中国手机用户达到6.49亿,手机通话、短/彩信、手机上网、手机客户端软件的各种应用已经彻底改变人们的日常沟通。

在互联网领域,目前中国网民已达5亿,随着互联网搜索引擎、门户网站、虚拟社区、电子商务等的应用,人们日常生活习惯已发生巨大变化。

智能家电、远程抄表、远程教育、远程医疗、视频监控等应用已深入人们日常生活,使人们的生活更加方便快捷,丰富多彩。科学技术的发展与应用,给人们的生活带来日新月异的变化。

但是我们建立数字民生系统是用科技协助我们更便捷地生活,而不是强制性地用科技改变我们的生活。

1. 数字医疗

数字医疗解决方案致力于为运营商打造个人健康管理的服务平台,在终端用户和医疗机构之间搭建起沟通的桥梁(如图16)。

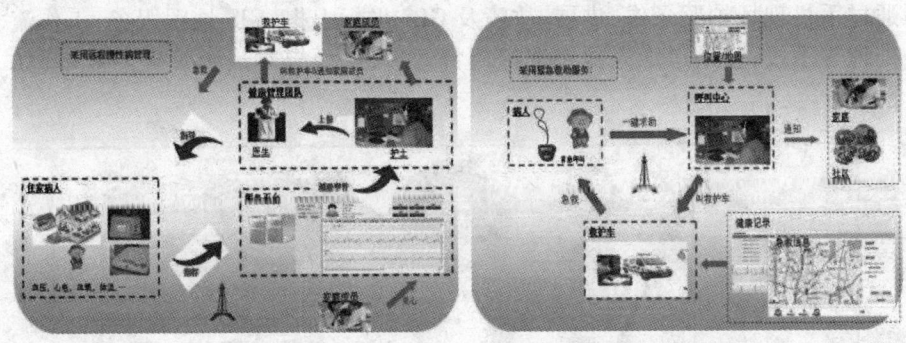

图16 数字医疗

平台的一侧整合现有的医疗资源,提供专业医疗健康服务;另一侧是终端用户,他们可灵活地通过无线或有线的方式接入,实时获得各种医疗服务。

运营商充分利用其网络资源和社会影响力,支撑该平台的运营。通过信息化手段,该平台将支撑起丰富多样、跨地域、实时的医疗健康服务,如慢性病管理、紧急救助、孕婴保健、区域医疗等,从而优化医疗资源布局,缓解"看病难、看病贵"的问题,推动从治疗到预防的医疗模式转变。

2. 数字社区

具体功能:

公用通道及电梯闭路电视监控系统能不间断监视各部位的情况;

小区内部环境的监控,保证小区环境的整洁,及时发现非小区业主长期无故滞留；

周边防范对人员的非法进入及时报警；

可视对讲提供住宅小区住户与来访者的音像通信；

数据社区系统分布各处存储相关数据，异常情况自动将相关视频数据传到报警中心；能对小区周边设置智能分析功能，提早发现可疑人员；可视终端能存储近期内的可视对讲的音像记录；数据社区系统与小区周界报警系统联动控制（如图17）。

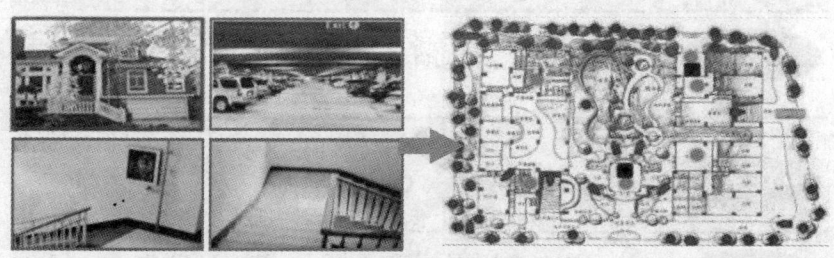

图17　数字社区

3. 数字交通系统

基于物联网的数字交通系统解决方案采用先进的数据采集手段、综合的数据提取方法、强大的信息处理平台，结合有效的商业模式，能够有力地推动智能交通系统产业的蓬勃发展。

基于物联网技术的数字交通系统首次实现了交通管理的"动态化、全局化、自动化、智能化"。

动态化——节点和系统能够及时采集并传输交通信号，从而动态地反映和判别交通系统的运行状况，并支持动态实时的交通管理。

全局化——低成本使得传感器节点的大规模部署经济可行，按照"共性平台+应用子集"的模式，不同应用场景和应用领域统一在相同的"共性平台"体系架构下，既避免了数字交通系统建设的重复投资，又保证了全局的和局域的系统交通信息的全面掌握。

自动化——多种类异构节点的叠加部署实现了信息采集手段的多样性，结合协同处理和模式识别，能够保证智能交通系统判知和决策的准确性和自动化，减少人工干预工作量和交通管理资源投入。

智能化——基于物联网技术的智能交通系统具有可感知、可判断、可控制、可管理，以及自动、动态、全局的基本智能特征。

数字交通系统从整体架构上可以从三个层次来进行划分(如图18):

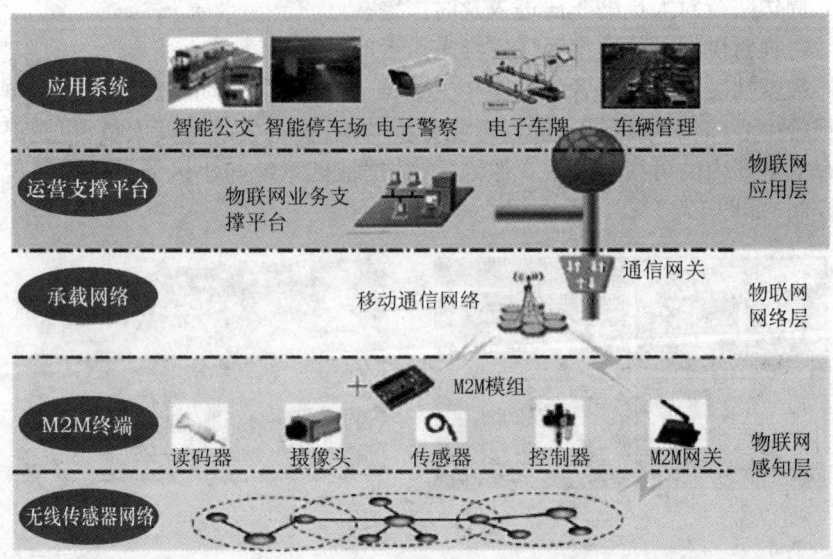

图18　数字交通系统整体架构

(1)物联网感知层

物联网感知层主要通过各种M2M终端设备实现基础信息的采集,然后通过无线传感网络将这些M2M的终端设备连接起来,使得其从外部看起来就像一个整体,这些M2M设备就像神经末梢一样分布在交通的各个环节中,不断地收集视频、图片、数据等各类信息。

(2)物联网网络层

物联网网络层主要通过移动通信网络将感知层所采集的信息运输到数据中心,并在数据中心得到加工处理形成有价值的信息,以便作出更好的控制和服务。

(3)物联网应用层

物联网应用层是基于信息展开工作的,通过将信息以多样的方式展现到使用者面前,供决策、服务和业务开展。

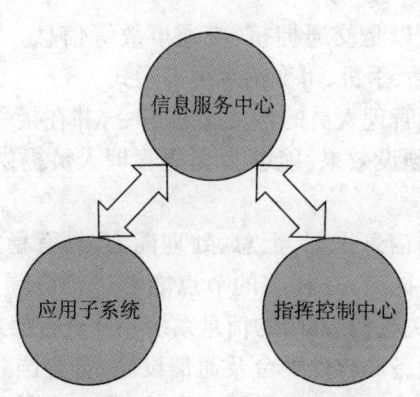

图19 智慧交通应用架构图

智慧交通应用架构图的应用子系统包括交通信息采集系统、信号灯控制系统、交通诱导系统、停车诱导系统(如图19)。

信息服务中心包括远程服务模块、远程监测模块、前期测试模块、在线运维模块、数据交换模块和咨询管理模块6部分。

指挥控制中心包括交通设施数据平台、交通信息数据平台、GIS平台、应用管理模块、数据管理模块、运行维护模块和信息发布模块。

应用子系统实现各职能部门的专有交通应用;信息服务中心以前期调测、远程运维管理和远程服务为目的,结合数据交换平台实现与应用子系统的数据共享,通过资讯管理模块实现信息的发布、用户和业务的管理等;指挥控制中心以GIS平台为支撑,建立部件和事件平台,部件主要指代交通设施,事件主要指代交通信息,通过对各应用子系统的管理,以实现集中管理为目的,具有数据分析、数据挖掘、报表生成、信息发布和集中管理等功能。

数字交通系统主要功能:

①拥有先进的智能指挥控制中心,具有交通信息的实时自动检测、监视与存储功能,具有兼容、整合不同来源交通信息的能力。

②对所采集到的交通信息进行分级集中处理,具有对道路现状交通流进行分析、判断的能力,能对道路交通拥挤具有规范的分类与提示,包括常发性交通拥挤、偶发性交通事件、地面和高架道路上存在的交通问题以及交通事故等,并具有初步的交通预测功能。

③在发现交通异常(包括来源于人工采集的信息)时,能够以恰当的方式及时向相关交通管理人员报警、提示。

④具有多种发布交通信息的能力,以调节、诱导或控制相关区域内交通

流变化。发布内容可以是交通拥挤、交通事故等信息。发布的方式,在系统中主要采用 web、广播、手机、可变信息屏等形式。

⑤能够接受交通管理人员的各类交通指令,并在接受指令后能及时作出正确反应,基本达到预设效果,能够为交通管理人员提供处理常见交通问题的决策预案和建议。

⑥具有大范围的信息采集、汇总、处理能力,具有稳定、可靠的软硬件设施配置和运行环境。同时,在相关的节点能够进行协调,所采集的信息经处理后,具有与其他相关机构、部门的信息系统相互进行信息共享、交换的能力。

⑦系统的硬件设备和软件平台及通信设施,符合国家有关信息化安全管理方面的要求。信息采集与发布系统具有故障自检功能,使系统的运行管理人员能及时了解外场设备状况,并具有及时检查、维护这些设施的能力。

⑧系统可实现私人交通服务、公众交通服务和商务交通服务,达到可运营的目的。

四、智慧旅游城市 2.0 方案的应用构架

智慧旅游城市 2.0 方案在智慧旅游城市 1.0 方案的基础上,提出打造一个统一平台,设立城市数据中心,构建三张基础网络,通过分层建设,达到平台能力及应用的可成长、可扩充,创造面向未来的智慧旅游城市系统框架(如图20)。

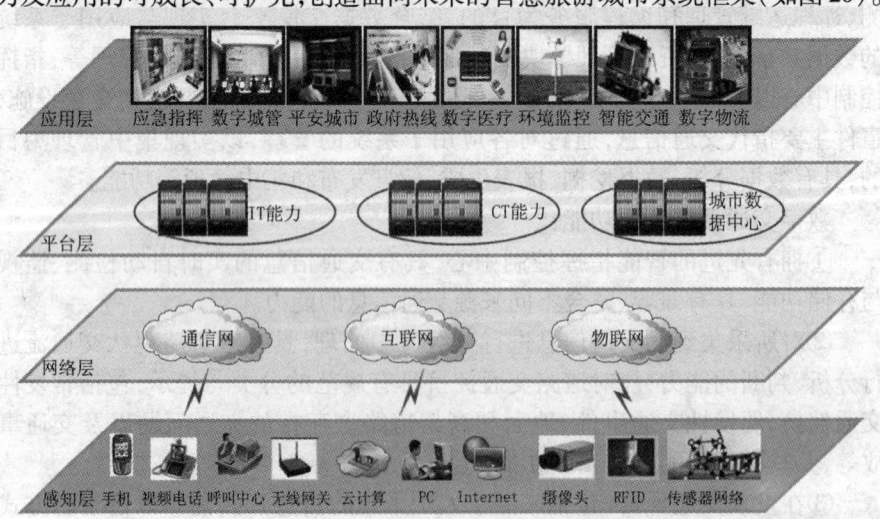

图20　智慧旅游城市 2.0 方案的应用构架

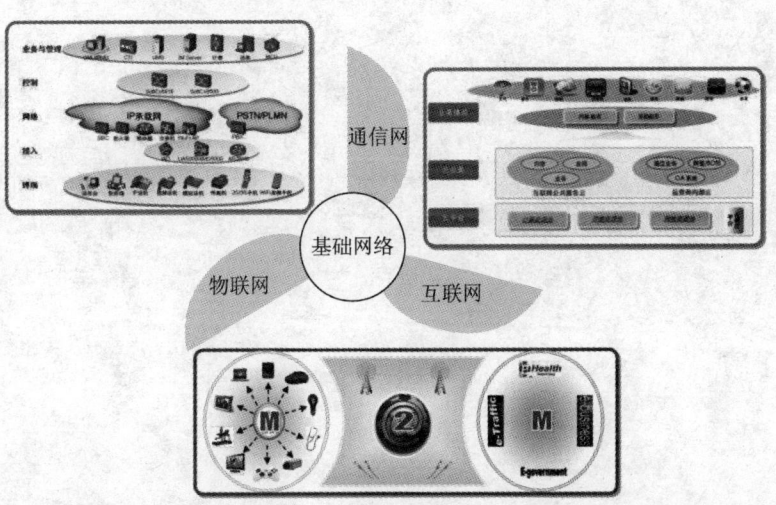

图 21　智慧旅游城市 2.0 方案的三张网络——通信、互联、物联

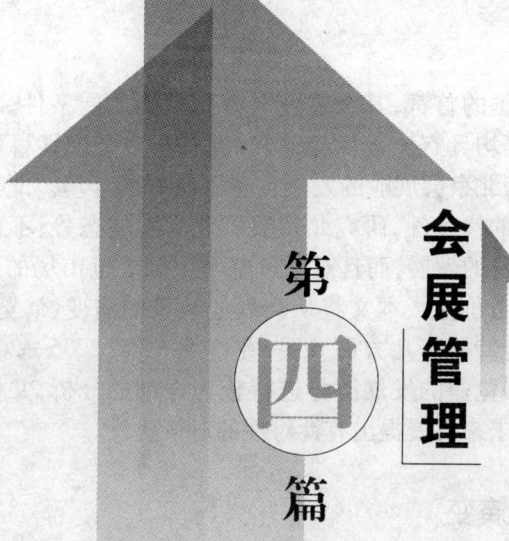

第四篇 会展管理

北京展览业发展态势
——基于时间序列数据的分析

刘大可　王鹏飞[①]

北京作为我国的首都,其会展业具有独特的发展条件。基础设施、场馆建设、外部环境等均具有比较优势,同时拥有众多全国性科研机构和行业协会,这些资源都为北京会展业的发展创造了良好的环境。北京会展业的发展在全国具有很强的代表性,研究北京展览业的发展态势,不仅有利于正确认识北京展览业自身的发展,而且对了解整个中国展览市场的发展态势同样具有非常重要的参考价值。本文将从会展业政策的演变、展览馆建设、会展行业类型、市场运行特征等几方面入手,在连续 6 年(2006—2011)专题调研的基础上,对北京展览业的发展态势进行较为详细的分析,并根据研究结论对北京市展览业的未来发展提出有针对性的对策建议。

一、政策的演变

会展业的发展离不开相关政策的支持,回顾北京展览业的发展历程,可以发现政府及相关单位制定了一系列政策予以鼓励和支持,来保证展览业从小到大、从低到高,形成规模、形成产业,并健康发展。近年来,北京市政府及各有关单位发布有关会展业的政策条文如下:

---

① 刘大可,北京第二外国语学院会展研究中心主任、教授、硕士研究生导师,研究方向为会展经济与管理、商务会展旅游。电子邮件:liudake@bisu.edu.cn。王鹏飞,北京第二外国语学院 2010 级旅游管理专业硕士研究生,研究方向为会展经济与管理、商务会展旅游。电子邮件:wangpengfei200696@163.com。

表1　近年来北京市会展业政策一览表

名称	时间	发布单位
《北京市展览、展销活动消防安全管理暂行规定》	1986年	北京市公安局
《北京市地方税务局关于对代理业征收营业税问题的补充通知》	2001年	北京市地方税务局
《北京市地方税务局关于会展业享受"非典"期间营业税优惠政策的批复》	2003年	北京市地方税务局
《北京市地方税务局关于代理业有关营业税问题的批复》	2005年	北京市地方税务局
《北京市人民政府关于修改〈北京市展览、展销活动消防安全管理暂行规定〉等二十七项规章部分条款的决定》	2005年	北京市人民政府
《实施北京市大型社会活动安全管理条例办法》	2005年	北京市公安局
《北京市文化创意产业发展专项资金管理办法（试行）》	2006年	北京市财政局
《北京市"十一五"时期旅游与会展业发展规划》	2006年	北京市发改委
《北京市展会知识产权保护办法》	2007年	北京市人民政府
《顺义区促进会展业发展财政扶持意见》	2008年	北京市顺义区政府
《朝阳区四大重点产业发展三年行动计划及措施》	2008年	北京市朝阳区政府
《北京市国民经济和社会发展第十二个五年规划纲要》	2011年	北京市人民政府
《关于大型国际会展活动主办方资金补贴管理办法》	2011年	北京市东城区政府
《北京市"十二五"时期会展业发展规划》	2011年	北京旅游发展委员会
《北京市政府会议会展奖励政策说明会》	2011年	北京市人民政府
《昌平区促进会展业发展的若干政策》和《昌平区会展业发展专项资金使用管理办法》	等待审批	北京市昌平区政府

资料来源：由笔者整理得到。

经过我们对北京市政府出台的一系列相关政策进行梳理，发现北京对会展业的政策支持呈现出以下几点变化：

（一）会展业在全市社会经济发展中的地位日益提高

2006年,北京在全国率先将会展业纳入全市社会经济发展专项规划,编制了《北京市"十一五"时期旅游与会展业发展规划》,将会展业列入北京市"十一五"时期大力发展和培育的现代服务业六大重点行业之一,并率先在全国推出了会展统计体系;2011年,北京市从建设世界城市的高度,提出了把北京打造成为国际会展之都的任务,并在《北京市国民经济和社会发展第十二个五年规划纲要》中,首次把会展业作为一个独立的产业来编制发展规划。

（二）政府对会展业的财政支持力度不断增加

2001年,《北京市地方税务局关于对代理业征收营业税问题的补充通知》中指出:展销、展览组办业务,属于代理服务业务,对其取得的收入,允许以扣除实际代付的租费、展台搭建费和参展商差旅费后的余额为营业额,照章征收营业税。2005年,《北京市地方税务局关于代理业有关营业税问题的批复》进一步将实际代付的参展展品运输费、参展商参展内容宣传广告费及广告印刷品印刷费等营业项目也纳入扣除范围之内。2011年3月25日召开的北京市政府会议会展奖励政策说明会再次强调对会展业的营业税实行差额纳税。2011年北京市"十二五"时期会展业发展规划指出:北京市财政每年安排一定的资金(不低于3000万元)专项支持会展业发展,用于鼓励和支持大型品牌展会项目、重大国际会议的引进或连续举办。

（三）会展政策向微观领域延伸,加强对会展业的监督和规范

2005年10月,北京市公安局关于印发《实施北京市大型社会活动安全管理条例办法》,对展览业、会议业的安全举办做出了明确的规定;2007年11月19日北京市人民政府第76次常务会议审议通过了《北京市展会知识产权保护办法》,对保护展会知识产权、维护展会秩序、促进会展业健康发展起到了积极作用。

（四）区域竞争进一步加剧,功能区划分进一步细化

一方面,北京市各区、县加大了对会展业的重视程度和扶植力度,使区域竞争更加激烈。东城区、朝阳区、昌平区和顺义区等区分别制定了本区的会展业发展规划和鼓励政策。另一方面,对于北京市会展区域功能的规划更加具体。根据北京市旅游发展委员会公布的"十二五"会展发展规划,北京市将结合城市空间结构和产业发展,以产业聚集和业态创新发展为目标,重点建设四大会展业综合发展核心功能区,即顺义新国展片区、奥体会展片区、国展—农展馆展片区、首都会展片区(大兴);六大会议业主导的会展产业聚集板块,即密云龙湾水乡板块、怀柔雁栖湖板块、昌平小汤山板块、海淀稻香湖板块、石景山首钢板块、丰台青龙湖板块。

从上述的变化中,我们可以看出北京市会展业的政策经历着从单纯鼓励到鼓励与规范协同发展、从宏观指导到区域局部规划的变迁过程。

二、北京会展场馆建设

场馆设施是会展业发展的基础,同时也是会展产业链中的重要环节,从展览会开始到结束,绝大部分活动都是在展览场馆进行的,展览场馆成为会展业链条中的一个关键节点,对会展业的发展起着举足轻重的作用。北京展览馆的建设大致可以分为以下几个时期①:

①新中国成立初期,为满足宣传和展示建设成就的需要,北京于20世纪50年代建设了几座重要的展览场馆,如北京展览馆(1954)、全国农业展览馆(1958)等。

②改革开放到20世纪末,为满足会展业发展的需要,北京加快了场馆的改造和建设步伐,在对老场馆进行改造的基础上,又相继建成了中国国际展览中心(1985)、中国国际贸易中心(1990)和北京国际会议中心(1990)等。

③进入21世纪,北京会展业出现了飞速发展的趋势,为缓解场馆不足与会展业发展之间的矛盾,北京市相继建设成一批室内展览面积巨大、功能设施齐全的会展中心。例如,中国科技展览中心(2001)、北京东六环展览中心(2004)、中国国际展览中心(新馆)(2008)、国家会议中心(2009)和北京九华国际会展中心(2009)等。

表2 北京市主要展览场馆一览表

单位:万平方米

展馆名称	室内展览面积	建设时间
北京展览馆	3.2	1954年
全国农业展览馆	6.1	1958年
中国国际展览中心	6.7	1985年
中国国际贸易中心	0.79	1990年
北京国际会议中心	0.54	1990年
中国国际科技会展中心	0.8	2001年

---

① 本划分方法参照了王春才《北京会展业发展现状、趋势及对策研究》的划分标准。

续表

展馆名称	室内展览面积	建设时间
北京市东六环展览中心	2	2004 年
中国国际展览中心新馆	20	2008 年
北京绿港花都国际会展中心	9.9	2009 年
国家会议中心	2.4	2009 年

数据来源:各展览馆的官方网站整理所得。

三、北京展览市场特征与发展态势

(一)展览会数量

2006—2011 年,对中国国际展览中心、全国农业展览馆、国家会议中心等 7 个主要展馆公布的展会计划进行统计的结果(见图 1)显示:总体来讲,每年北京主要会展场馆举办展览会的数量一直处于较高的水平上。从北京展览会年度分布的总体态势来看,呈现出"U"形分布:2006 年和 2007 年举办展览会的数量分别为 325 个和 292 个;2008 年和 2009 年举办展览会的数量明显少于其他年份,分别为 217 个和 243 个,这可能是由于受到 2008 年北京奥运会、2009 年国庆 60 周年和金融危机三方面因素的影响;2010 年和 2011 年举办展览会数量分别为 300 个和 334 个,呈现出明显的回升态势。

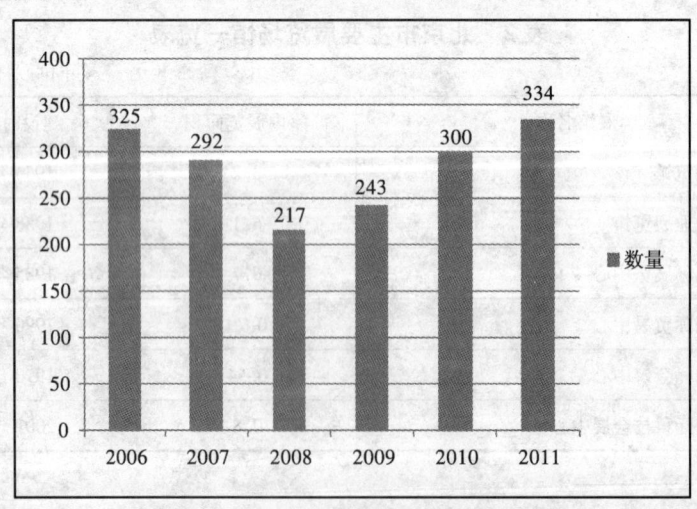

图 1 2006—2011 年北京展览会数量

(二)展览会场馆分布格局

总体来看,2006—2011年北京市展览会场馆分布格局基本稳定。中国国际展览中心和全国农业展览馆以绝对的优势位居前两位,举办展览会的数量之和均超过总量的1/2,这说明北京举办的展览会在场馆的选择上较为集中。

2008年新中国国际展览中心和2009年国家会议中心相继投入使用,这不仅缓解了北京市高端展览场馆紧张的局面,而且也使北京展览会的场馆分布格局发生了局部变化。国家会议中心自2009年正式投入使用以来,所举办的展会数量出现较大幅度增长,在2010年和2011年,分别以41场和44场展会位列第三。

表3　2006—2011年北京市主要展览馆展览会分布

展览馆	举办展览会的数量					
	2006	2007	2008	2009	2010	2011
中国国际展览中心	109	109	77	84	88	119
全国农业展览馆	87	52	41	70	68	82
国家会议中心	—	—	—	6	41	44
中国国际贸易中心展厅	60	54	34	24	39	34
北京展览馆	48	48	44	40	32	23
中国国际展览中心(新馆)	—	—	14	15	16	15
北京国际会议中心展厅	21	29	7	4	26	17
总计	325	292	217	243	300	334

资料来源:2006—2010年数据来源于中国贸易促进委员会编制的《中国会展经济发展报告2006—2010》;2011年数据来自中国国际展览中心(www.ciec-expo.com.cn)、中国农业展览馆(www.ciae.com.cn)、中国国际贸易中心(www.cwtc.com)、国家会议中心(www.cnccchina.com)。

(三)展会行业类型

根据对北京市主要展览馆举办的展会类型进行连续6年的调查,表4列出了北京2006—2011年排名前十位的展览会类型。结果显示,北京市展览会的总体类型基本保持稳定,局部略有调整。

表4 2006—2011年北京市主要展览馆展会类型分布（前10位）

序号	2006	2007	2008	2009	2010	2011
1	教育/培训/艺术	教育/培训/艺术	教育/培训/艺术	教育/培训/艺术	教育/培训/艺术	教育/培训/艺术
2	机械/工业/加工	化工/能源/环保	房产/建筑/装潢	化工/环保/能源	房产/建筑/装潢	房产/建筑/装潢
3	房产/建筑/装潢	房产/建筑/装潢	机械/工业/加工	房产/建筑/装潢	化工/环保/能源	化工/环保/能源
4	化工/能源/环保	生物/医药/保健	化工/能源/环保	汽车/交通工具	生物/医药/保健	汽车/交通工具
5	服饰/皮革/纺织	机械/工业/加工	通信/通讯/电子	通信/通讯/电子	汽车/交通工具	食品/饮料/酒
6	食品/饮料/酒	汽车/交通工具	食品/饮料/酒	机械/工业/加工	食品/饮料/酒	通信/通讯/电子
7	汽车/交通工具	服饰/皮革/纺织	影视/娱乐/体育	家电/家具/日用品	影视/娱乐/体育	生物/医药/保健
8	家电/家具/日用品	影视/娱乐/体育	生物/医药/保健	农/林/渔/牧	通信/通讯/电子	工业/机械/加工
9	生物/医药/保健	玩具/礼品/工艺品	汽车/交通工具	服饰/皮革/纺织	机械/工业/加工	影视/娱乐/体育
10	旅游/酒店/餐饮	旅游/酒店/餐饮	服饰/皮革/纺织	影视/娱乐/体育	旅游/酒店/餐饮	家居/家电/日用品

资料来源：2006—2010年数据来源于中国贸易促进委员会编制的《中国会展经济发展报告2006—2010》；2011年数据来自中国国际展览中心（www.ciec-expo.com.cn）、中国农业展览馆（www.ciae.com.cn）、中国国际贸易中心（www.cwtc.com）、国家会议中心（www.cnccchina.com）。

1. 教育/培训/艺术、房产/建筑/装潢和化工/能源/环保三大类展览会稳居前列

连续6年的调研结果显示,教育/培训/艺术、房产/建筑/装潢和化工/能源/环保三大类展览会举办的数量都排在10大展会类型的前4位。这三个类型的展览会是北京市展览会的传统优势行业,在北京有深厚的产业基础。首先,北京是中国的文化中心,有着深厚的文化底蕴,而且北京高校云集,在文化教育领域有着其他城市所无法比拟的资源优势,这为教育/培训/艺术类展览会的发展奠定了坚实的基础。其次,近年来,北京地区经济的持续稳步增长及住房相对紧缺造成了北京市房地产业发展的空前繁荣,这直接带动了房产/建筑/装潢类展览会的增长。值得注意的是,2011年以来,从国家到北京市出台了一系列的房地产业调控政策,其对房产/建筑/装潢类展览会的影响还有待进一步观察。最后,在北京的传统工业中,化工、冶金以及轻工三大产业一直处于强势地位,再加上国家对节能环保产业的支持,使得化工/能源/环保类展会热度不减。

2. 消费休闲类展览会①持续火暴

统计结果表明,消费休闲类展览会在北京历年举办展览会的数量中占有较大比重。从2006—2011年,消费休闲类展览会占前十大展会类型的席位分别为:6位、6位、5位、4位、5位和6位。之所以出现这种状况,在一定程度上与北京地区的消费水平和消费结构密切相关。据北京市统计局公布的数据表明,从2006—2011年,北京地区城镇居民的可支配收入水平分别为19 978元、21 989元、24 725元、26 738元、29 073元和32 903元,年平均增长10.5%;北京市社会消费品零售额分别为:3 275.2亿元、3 770亿元、4 589亿元、5 309.9亿元、6 229.3亿元和6 900.3亿元,年平均增长16.1%。这说明随着经济的发展和人民生活水平的提高,人们越来越倾向于消费、休闲和娱乐,从而导致这些领域已经成为北京市展览业市场开发的持续热点。

3. 机械/工业/加工类展览会有所下降

从时间序列上来看,机械/工业/加工类展览会在前十大展览会的排名依次为:2位、5位、3位、6位、9位和8位。之所以出现这种状况,一方面与消费休闲类展览会的持续增长、在10大展会类型中的地位日益提高有关;另一方面,与北京近年来的产业结构调整等因素有关。

---

① 消费休闲类展览会包括汽车/交通工具、家电/家具/日用品、服饰/皮革/纺织、影视/娱乐/体育、首饰/美容/化妆品,这些类型的展会大多与城市居民消费休闲涉及的行业相关。

四、北京展览业市场质量的变化

参展商和观众对展览会的评价是了解一个地区展览市场内在发展状况的最直接和最重要的手段之一,所以针对他们对北京展览会的评价进行连续跟踪调查是非常有必要的。

(一)2006—2011年参展商对北京展览会满意度评价状况分析

为了准确把握参展商对北京展览会评价的变化状况,自2006年起,我们都会选择一定数量的参展商进行抽样调查。以2006—2011年在北京举办的67场展览会为研究对象,随机抽取了2 981家参展商(其中国内2 354家,海外627家)进行问卷调查,具体构成如表5所示:

表5 2006—2011年参展商样本构成简介

年份	展览会数量(个)	国内参展商(家)	海外参展商(家)
2006	15	529	107
2007	10	233	67
2008	10	457	58
2009	11	385	119
2010	11	365	154
2011	10	385	122

数据来源:中国贸易促进委员会编制的《中国会展经济发展报告2006—2011》,下同。

为便于统计,我们将不同选项进行了量化赋值①,并运用SPSS16.0作为分析工具对调查结果进行了统计分析,主要结论如下:

1. 参展商对展览会的总体评价较好,且参展效果较为理想

由统计数据可以看出,参展商对展览会的总体评价较好,6年来变化不大。2006—2011年参展商对北京展览会的总体评价分别为:3.59、3.62、

---

① 运用"李克特(LIKERT)五分量表"法进行问卷设计,即将参展商或观众对展览会的评价划分为"非常好、比较好、一般、比较差、非常差"五个等级,在调查时分别用"5、4、3、2、1"五个数值代替。同理,在对参展商或观众是否参加下一届展览会和展后的业务预期的意向进行调查时,我们采用了"3、2、1"三个分值分别代表"肯定会参加、不确定、肯定不会参加"三个选项。

3.54、3.56、3.43和3.36，其满意度年平均值为3.52。此外，从具体指标的评价来看，参展商对展览会的参展效果比较满意，对展后业务预期的评价均值为2.27；参展商的继续参展意向较强，对是否参加下届展会的评价均值为2.39(详见表6)。

表6　2006—2011参展商对展览会的总体评价

年份 \ 评价指标	展览会总体评价	是否参加下届展会	展后业务预期
2006	3.59	2.48	2.42
2007	3.62	2.43	2.33
2008	3.54	2.42	2.24
2009	3.56	2.41	2.23
2010	3.43	2.37	2.26
2011	3.36	2.23	2.14
平均值	3.52	2.39	2.27

2. 参展商对展览会组织工作的评价不一，对专业买家邀请工作评价较低

调研结果显示，参展商连续5年对展览会组织工作给予了较高评价，参展商对组织工作总体满意度的评价均值为3.60。然而，从对组织工作具体环节的评价看，参展商对不同环节的评价明显存在差异。其中，参展商对展览会组织工作和现场管理与服务工作的评价较高，而对专业买家邀请工作的评价均低于其他几项指标(详见表7)。

表7　2007—2011年参展商对展览会组织工作的总体评价

年份 \ 评价指标	展览会组织	专业买家邀请	现场管理与服务
2007	3.67	3.48	3.58
2008	3.65	3.43	3.56
2009	3.68	3.43	3.60
2010	3.52	3.34	3.49
2011	3.46	3.30	3.44
平均值	3.60	3.40	3.53

3. 参展商对北京展览馆软硬件设施和办展环境的评价非常稳定,而且都给予了极高的评价

数据表明,2007—2011年,参展商对北京展览馆软硬件和办展环境的评价非常稳定,而且对这两项指标的评价较高。其中,对展馆软硬件设施的评价在3.4~3.5,对北京办展环境的评价在3.6~3.8。这表明参展商对北京近年来不断优化办展环境和完善会展基础设施给予了高度认可。

表8　2007—2011年参展商对办展环境和展览馆软硬件设施的评价

年份 / 评价指标	展览馆软硬件设施	北京办展环境
2007	3.42	3.64
2008	3.47	3.77
2009	3.47	3.75
2010	3.47	3.61
2011	3.41	3.60
平均值	3.45	3.67

(二)2006—2011年专业观众对北京展览会满意度的评价

为了准确把握专业观众对2006—2011年北京展览会的具体评价,我们以2006—2011年在北京举办的67场展览会为研究对象,随机抽取了1 698名专业观众(其中国内1 278名,海外421名)进行问卷调查,具体构成如表9所示:

表9　2006—2011年抽样调查的专业观众情况简介

年份	展览会数量(个)	国内专业观众(家)	海外专业观众(家)
2006	15	206	108
2007	10	119	33
2008	10	257	50
2009	11	229	81
2010	11	235	83
2011	10	232	66

按照与参展商同样的方法,我们对调查结果进行了统计分析,主要结论如下:

1. 专业观众对展览会的总体评价极高,预期目标实现程度较好

调查显示,2006—2011 年专业观众对展览会的评价较高,其对展览会总体评价的均值为 3.77。从具体的指标评价来看,专业观众的预期目标实现程度较好,其对是否达到预期目标这项指标的评价均值为 2.40;其继续参观意愿较为明显,其对是否参加下一届展会的评价均值高达 2.39。

表 10　2006—2011 年专业观众对展览会的总体评价

评价指标 年　份	展览会的总体评价	是否达到预期目标	是否参加下一届展会
2006	3.75	—	—
2007	3.89	2.55	—
2008	3.78	2.54	—
2009	3.76	2.32	2.45
2010	3.82	2.36	2.47
2011	3.62	2.22	2.26
平均值	3.77	2.40	2.39

2. 专业观众对组织工作给予了高度评价,且高于参展商

结果表明,专业观众对展览会组织工作的满意度评价较高,且明显高于参展商对其的评价。其中专业观众对组织工作、参展商数量和质量以及现场管理与服务三项指标的评价均值分别为 3.85、3.74 和 3.82,均高于参展商对这三项指标的评价。

表 11　2007—2011 年专业观众对展览会组织工作的总体评价

评价指标 年　份	组织工作	参展商数量和质量	现场管理与服务
2007	4.03	3.86	3.97
2008	3.74	3.65	3.74
2009	3.87	3.77	3.84
2010	3.90	3.85	3.88
2011	3.71	3.59	3.69
平均值	3.85	3.74	3.82

3. 专业观众对办展环境和展馆软硬件设施的评价较高，数年来的评价基本一致

2007—2011年，专业观众对北京的办展环境和展馆软硬件设施都给予了高度评价，其中专业观众对北京展馆软硬件设施的评价均值为3.79，对北京办展环境的评价均值高达3.97。这说明，目前北京市的办展环境和展馆设施不仅得到了参展商的认可，同时得到了观众的高度认可。

表12　2007—2011年专业观众对办展环境和展馆软硬件设施的评价

年份 评价指标	展馆软硬件设施	北京办展环境
2007	4.00	4.02
2008	3.72	4.00
2009	3.78	3.96
2010	3.78	3.91
2011	3.69	3.95
平均值	3.79	3.97

五、结论以及对北京展览业发展的启示

通过对近年来北京市会展业政策法规的梳理和北京展览会市场特征的调查分析，我们可以得出以下结论：①北京市加大了对会展业的重视程度和支持力度，对会展业的政策由单一的鼓励性政策向鼓励性政策与规范性政策协同发展转变，由宏观指导向区域具体规划转变；②新中国国际展览中心和国家会议中心的投入使用使北京展馆的硬件设施和高端场馆的紧张状况有所改善，并在一定程度上使北京展览会的分布格局有所改变；③从举办数量来看，北京市展览业继2009年开始回升以后，2010年和2011年的回升态势更加明显，表明北京展览业在经历了2008年北京奥运会、2009年国庆60周年和全球金融危机之后，逐步进入正常的发展轨道；④北京展览会的行业类型相对稳定，教育、培训、艺术类展览会优势明显，消费类展览会以及和北京优势产业密切相关的展览会表现突出；⑤2006—2011年，参展商和专业观众

对展览会各项指标的评价总体趋于稳定,参展商和专业观众对展览会的总体评价较高,尤其是办展环境方面,参展商和专业观众都给予了高度认可,但参展商对专业买家的邀请工作不太满意;⑥专业观众对展览会的评价高于参展商。

这些结论对北京市政府、会展企业、协会采取切实措施推进展览业的发展具有重要的借鉴价值。第一,政策引导对推动展览业的发展具有重要价值,北京市应在已有政策的基础上,进一步规范市场竞争秩序,促进会展业持久健康地发展;第二,展览业与北京的资源优势高度吻合,政府需要在文化教育、化工能源等优势产业基础上,进一步加大品牌培养力度,与此同时结合产业结构的升级换代,不断培育新的展览主题;第三,消费休闲类展会潜力巨大,近年来已经出现了较快的增长势头,政府须抓住机遇加以重点促进;第四,伴随着新国展和国家会议中心的落成,北京展览场馆的紧张局面已经有了较大改善,但是结构性供给不足、新国展配套不完善等方面的问题依旧比较突出,政府须采取有效措施加以改善;第五,尽管参展商和专业观众对北京展览会的总体满意度和整体组织水平给予了较好的评价,但是近年的调查结果显示,专业买家邀请工作一直是北京展览业中最薄弱的环节,展览的组织者应引起足够重视,采取切实措施加大对专业买家的邀请力度。

参考文献

[1] 中国国际贸易促进委员会.中国会展经济发展报告(2006—2011).

[2] 刘大可,李美.2008年北京展览业市场运行态势分析,北京旅游发展研究报告.北京:旅游教育出版社,2009.

[3] 刘大可,罗军.2009年北京展览业市场运行态势分析,北京旅游发展研究报告.北京:旅游教育出版社,2010.

[4] 王春才.北京会展业发展现状、趋势及对策研究[J].生产力研究.2008(11):85-87.

[5] 北京市旅游发展委员会发布的《北京市"十二五"时期会展业发展规划》,2011.03.

[6] 北京市贸促会、北京市统计局、国家统计局、北京调查总队和北京国际会议展览业协会联合发布的《北京会展业发展报告2011》,2011.

责任编辑：陈　志

图书在版编目(CIP)数据

北京旅游发展研究报告.2012/北京旅游发展研究基地编.—北京：旅游教育出版社，2013.1
ISBN 978-7-5637-2539-7

Ⅰ.①北…　Ⅱ.①北…　Ⅲ.①旅游经济—经济发展—研究报告—北京市—2012　Ⅳ.①F592.71

中国版本图书馆 CIP 数据核字(2013)第001895号

北京旅游发展研究报告2012
北京旅游发展研究基地

出版单位	旅游教育出版社
地　　址	北京市朝阳区定福庄南里1号
邮　　编	100024
发行电话	(010)65778403　65728372　65767462(传真)
本社网址	www.tepcb.com
E-mail	tepfx@163.com
印刷单位	北京科普瑞印刷有限责任公司
经销单位	新华书店
开　　本	787mm×1092mm　1/16
印　　张	11.5
字　　数	163千字
版　　次	2013年1月第1版
印　　次	2013年1月第1次印刷
定　　价	33.00元

(图书如有装订差错请与发行部联系)